AF384124

CATALOGUE
DES LIVRES
DE MONSIEUR
DAVY DE LA FAUTRIERE,
CONSEILLER AU PARLEMENT.

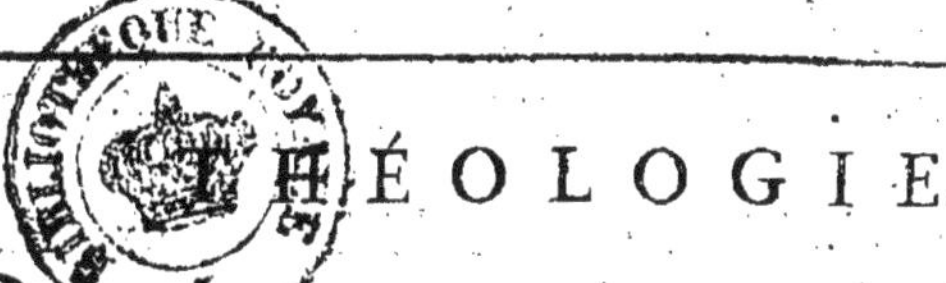

THÉOLOGIE.

Biblia Sacra. *Ant.* 1567. *in* 8. *m. v.*

2 Biblia Sacra. *Col.* 1679. 6 *vol. in* 18.

3 La Bible trad. par M. de Sacy. *Brux.* 1702. 3 *vol. in fol. G. P. l. r.*

4 Bible trad. *la Rochelle*, 1616. *in* 8.

5 La Bible trad en Anglois, avec la Liturgie. *Oxford*, 1741. *in* 4.

6 N. Teftamentum. *Parif.*, 1668. *in* 16.

7 Examen du Nouveau Teftament de Mons, par Mallet. *Rouen*, 1676. *in* 12.

A

8 Défenfe du N. Teftament de Mons. *Col.* 1669. *in* 8.

9 Explications de plufieurs textes difficiles de l'Ecriture par D. Jacq. Martin. *Par.* 1730. 2 *vol. in* 4.

10 Conjectures fur la Genefe, par M. Aftruc. *Par.* 1753. *in* 12.

11 Rob. Bellarminus in Pfalmos. *Lugd.* 1690. *in* 4.

12 Les Confeils de la Sageffe. *Par.* 1727. 2 *vol. in* 12.

13 Politique tirée de l'Ecriture S., par Boffuet. *Par.* 1709. *in* 4. *m. r.*

14 Bern. Lamy Apparatus ad Biblia, per tabulas concinnatus. *Gratianopoli.* 1687. *in fol.*

15 Dictionnaire de la Bible par D. Calmet. *Par.* 1722, 1728. 4 *vol. in fol.*

16 Sam. Bocharti Phaleg & Chanaan. *Francof.* 1681. *in* 4.

17 Explication des figures de Jupiter, d'Ofiris, &c., par de la Gandie Chouet. *Au Mans.* 1688. *in* 8.

18 Hebræorum de connubiis Jus civile & pont. ex verf. Lud. de Compiegne de Veille. *Par.* 1673. *in* 8. *m. r.*

19 L'année chrétienne, par le Tourneux. *Par.* 1697 & *fuiv.* 12 *vol. in* 12.

20 Breviarium Romanum. *Col.* 1688. 4 *vol. in* 12.

21 Breviarium Parifienfe. *Lut.* 1745. 4 *vol. in* 8. *m. n.*

22 Office de la quinzaine de Pâques, lat. & fr. *Par.* 1740. *in* 8 *m. r.*

23 Livres de prieres (en Angl.) *Lond.* 1743. *in* 12.

24 Inftructions chrétiennes pour les Indiens (en Angl.) *Lond.* 1741. *in* 12.

Jo. Mabillon Mufeum Italicum. *Par.* 1724. 2 *vol. in* 4.

26 Apologie du P. Hugo, contre Faydit. *Nancy*, 1702. *in* 8.

27 Recueil de pieces, concernant la Thefe de l'Abbé de Prades. *Par.* 1753. *in* 4.

28 Traité de l'amour de Dieu, par le Pelletier. *Par.* 1732. *in* 12. *Tome II.*

29 Hiftoire abregée du Janfenifme. *Col.* 1698. *in* 12.

30 Hiftoire du Janfenifme, par le P. Gerberon. *Amft.* 1700. 3 *vol. in* 12.

31 Hiftoire des V. Propofitions de Janfenius ; par le P. le Tellier. *Liege*, 1699. 2 *vol. in* 12.

32 La même. *Par.* 1700. *in* 12.

33 La Paix de Clément IX, par le Pere Quefnel. *Chamberri*, 1701. *in* 12.

34 Défenfe de l'Hift. des V Propofitions de Janfenius , par le Tellier. *Par.* 1701. *in* 12.

35 Ecrits fur la fignature du Formulaire. *Amft.* 1706. *in* 12.

36 Verit. Efprit des N. Difciples de S. Auguftin , par le P. Lallemant &c. *Par.* 1705. 4 *vol. in* 12.

37 Relation du différend entre MM. le Cardinal de Noailles & les Evêques de Luçon &c. *Amft.* 1712. *in* 12.

38 Anecdotes de la Conftitution , par Villefore. 1733. 3 *vol. in* 12.

39 Plainte du Pere Quefnel. *Amft.* 1715. Vains efforts contre la juftification du même. 1713. *in* 12.

40 Mémoires fur la Conftitution. 1713. *in* 12.

41 Témoignage de l'Univerfité de Paris fur la Conftitution. *Par.* 1716. 2 *tom.* 1 *vol. in* 12.

42 Entretiens d'un Docteur & d'un Laïc. 1737. *in* 12.

43 La vérité des Miracles de M. de Paris , par M. de Montgeron. *Utrecht*, 1737. *in* 4.

44 Lettres des Missions de la Chine. 7 *vol. in* 12.

45 Recherches sur la nature du feu de l'Enfer & du lieu où il est situé, par Swinden, trad. par Bion. *Amst.* 1728. *in* 8.

46 Projet d'un établissement pour élever dans la piété les Savoïards, &c. (4 parties). *Par.* 1737. *in* 8.

47 Dissertat. sur le divertissement convenable aux Ecclésiastiques. *Paris*, 1684. *in* 12.

48 L'usure expliquée & condamnée par du Tertre. *Par.* 1673. *in* 12.

49 Step. Gradius de opinione probabili. *Romæ*, 1698. *in* 4.

50 Explication de quatre Paradoxes. par Concina. *Par.* 1751. *in* 12.

51 Les Provinciales, par Bl. Pascal. *Col.* 1669. *in* 12.

52 Les mêmes avec les notes de Nicole. *Rouen*, 1709. 3 *vol. in* 12.

53 Réponses aux Provinciales. *Liege*, 1658. *in* 12.

54 Réponses aux Lettres Provinciales, par le P. Daniel. 1696. *in* 12.

55 Morale pratique des Jésuites. *Col.* 1689. 8 *vol. in* 12.

56 Sermons du P. Bourdaloue. *Par.* 1707 & *suiv.* 14 *vol. in* 8.

57 Les mêmes. *Par.* 1716. 14 *vol. in* 12. (manq. le troisieme tom. des Dominicales).

58 Pensées de Bourdaloue. *Par.* 1740. 3 *vol. in* 12.

59 Sermons de Massillon. *Par.* 1745. 9 *vol. in* 12.

60 Œuvres spirituelles de Grenade, trad. par le P. Martin. *Par.* 1647. 2 *vol. in fol.*

61 Les mêmes, trad. par Girard. *Par.* 1679. *in fol.*

62 Lettres de S. Cyran. *Lyon*, 1674. 3 *vol. in* 12.

63 Jo. Bona Manuductio ad cœlum. *Brux.* 1670. *in* 24.

64 Effais de Morale, & Théologie de Nicole. *Par.* 1715. 22 *vol. in* 16.

65 Effais de Morale fur les Evangiles, par Nicole. *Par.* 1688. 8 *vol. in* 12.

66 Traité de Jurieu fur le Quiétifme. 1700. *in* 12.

67 Penfées de Pafcal. *Par.* 1670. *in* 12.

68 Les mêmes avec fa vie. *Par.* 1714. *in* 12.

69 Les mêmes. *Par.* 1725. *in* 12.

70 Vérité de la Religion Chret., par Grotius, trad. *Par.* (Caracteres de Moreau) *in* 8.

71 Traité de la vérité de la Religion Chrétienne, par Abadie. *Lyon*, 1728. 4 *vol. in* 12.

72 Le Chriftianifme raifonnable, par Locke, trad. *Amft.* 1731. 2 *vol. in* 8.

73 Traités de l'exiftence & des attributs de Dieu, par Clarke, trad. par Ricotier. *Amft.* 1727. 3 *tom.* 2 *vol. in* 12.

74 Vérité de la Religion Chrétienne, démontrée par ordre géométrique, par Denife. *Par.* 1717. *in* 12.

75 La Religion Chrétienne, prouvée par les faits, par Houtteville. *Par.* 1722. *in* 4.

76 Lettres Flamandes. *Par.* 1752. *in* 12.

77 Difcours concernant la Divinité, par Guill. Sherlock (en Angl.). *Lond.* 1743. *in* 8.

78 Méthode contre les Déiftes, ou la certitude de la Relig. Chret. démontrée par Ch. Leflie (en Angl.) *Lond.* 1726. *in* 8.

79 Préjugés légitimes contre les Calviniftes, par Nicole. *Par.* 1699. *in* 12.

80 Conférence fur la matiere de l'Eglife, par Boffuet. *Par.* 1682. *in* 12.

81 Lettre d'Alaux fur l'Euchariftie. *Par.* 1707. *in* 12.

82 Jo. Durelli Vindiciæ Ecclefiæ Anglicanæ. *Lond.* 1669. *in* 4.

83 Morale Chrétienne par Th. Brown (en Angl.) *Cambridge*, 1716. *in* 12.

84 Tableau des différends de la Religion, par de Marnix. *Leyden*, 1600. *in* 8.

85 Penſées ſecretes ſur la Religion &c., par G. Beveridge. *Amſt.* 1731. 2 *tom.* 1 *vol. in* 12.

86 Entretiens des Voyageurs ſur Mer. *Colog.* 1715. 4 *vol. in* 12.

87 La Religion des Mahométans, par Reland, trad. avec des éclairciſſemens. *La Haye.* 1721. *in* 12.

88 Traité des cérémonies ſuperſtitieuſes des Juifs, avec la réfutation. *Colog.* 1678, 1731. 2 *vol. in* 12.

89 Alciphron, ou le petit Philoſophe. *Amſt.* 1734. 2 *vol. in* 12.

90 La Friponnerie laïque des prétendus Eſprits forts, trad. de l'Angl. *Amſt.* 1738. *in* 12.

91 Lettres ſur la Religion eſſentielle à l'homme. *Lond.* 1739. 4 *part.* 2 *vol. in* 12.

92 Préſervatif contre le précédent ouvrage, par Fr. de Roches. *Gen.* 1740. 2 *vol in* 12.

JURISPRUDENCE.

93 Conc. Tridentini Canones cum additionibus, ſtudio Phil. Labbe. *Par.* 1667. *in fol.*

94 Pieces ſur le Concile de Trente. *in* 8.

95 Concilium Ebreduni habitum. *Gratianopoli*, 1728. *in* 4.

96 Jo. Pauli Lancelotti Inſtitutiones Juris canonici. *Lugd.* 1579. *in* 4.

97 Eædem. *Par.* 1670. *in* 12.

98 Inſtitution au Droit Eccleſ., par Fleury. *Par.* 1687. 2 *vol. in* 12.

99 Taxe de la Chancellerie romaine. *Rouen*, 1744. *in* 12.

100 Car. Molinæus contra parvas datas. &c. 1605. *in* 8.

101 Traité des Annates. *Rouen*, 1718. *in* 12.

102 Pouvoirs légitimes du premier & du second ordre dans l'administration des Sacremens &c., par Travers. 1744. *in* 4.

103 Traité des deux Puissances, par l'Abbé de Foy. *Par.* 1752 *in* 12.

104 Traité de l'autorité royale. *Par.* 1691. *in* 12. *m. r.*

105 Apologie des Jugemens contre le Schisme. *Par.* 1752. 2 *vol. in* 12.

106 Traité du droit & des prérogatives des Ecclésiastiques dans l'administration de la Justice séculiere, par Nic. Petitpied. *Par.* 1705. *in* 4.

107 Histoire du Droit Public, Ecclef., François, & Canonique. *Par.* 1750. 3 *vol. in* 12.

108 Capitularia Regum Francorum cum notis Steph. Baluzii. *Par.* 1677. 2 *vol. in fol.*

109 Mémoire sur les Libertés de l'Eglise Gallicane. 1714. *in* 12.

110 Traités des Libertés de l'Eglise Gallicane, avec les preuves. *Par.* 1730. 4 *vol. in fol.*

111 S. Ludovici Pragmatica-Sanctio, cum notis Fr. Pinffonii. *Par.* 1663. *in* 4.

112 Explication du Concordat, par Jean Chastain. *Par.* 1678. *in* 12. *m. v.*

113 Actes & Mémoires du Clergé. *Par.* 1646. 3 *vol. in fol.*

114 Procès-verbal du Clergé, de 1681. *in* 4 *m. r.*

115 Actes du Clergé de 1681 & 1682, sur la Regale. *in* 4.

116 Actes du Clergé de 1682 & 1685, sur la Religion. *Par.* 1685. *in* 12.

117 Jo. Ben. Boſſuet Defenſio Declarationis Cleri
Gallicani de poteſtate Eccleſ. *Luxemb.* 1730.
in 4.

118 Extraits des Procès-verbaux du Clergé, & Pro-
cès-verbal de 1750. *in* 4.

119 Obſervations ſur l'Extrait du Procès-verbal du
Clergé, de 1750. *in* 4.

120 Diſcours de Frapaolo, ſur les biens Eccléſiaſ-
tiques. *Par.* 1750. *in* 12.

121 Lettres *Ne repugnate. Par.* 1750. *in* 8.

122 Liaſſe de huit pieces ſur le vingtieme du Cler-
gé. *in* 12.

123 Diſcours ſur l'origine des troubles préſens de
la France, &c. & autres Pieces. *in* 4.

124 Liaſſe de Pieces ſur le refus des Sacremens à
MM. Coffin.

125 Liaſſe de vingt-neuf Pieces ſur les affaires du
Parlement, & le refus des Sacremens. *in* 8. &
in 12.

126 Tradition des faits. *in* 12.

127 Edits concernant les Hôpitaux & Maladeries
de France. *Par.* 1675. *in fol.*

128 Edits &c. concernant les Hôpitaux généraux
des Enfans trouvés, du S. Eſprit &c. *Par.* 1745.
in 4.

129 Droit de la nature & des gens, par Pufendorf,
trad. avec des notes par Barbeyrac. *Trévoux*,
1740. 3 *vol. in* 4.

130 Principes du droit naturel par Burlamaqui.
Geneve, 1747. *in* 4.

131 Principes du droit politique, par Burlamaqui.
Par. 1751. *in* 4.

132 De l'eſprit des Loix, par Monteſquieu. *Par.*
1749. 4 *vol. in* 12.

133 Le même *Geneve*, 2 *vol. in* 4.

134 Devoirs de l'Homme & du Citoïen, par Pu-
fendorf,

fendorf, trad. par Barbeyrac. *Luxemb.* 1708. *in* 12.

135 Droit de la Guerre & de la Paix, par Grotius, trad. par Barbeyrac. *Trevoux,* 1729. 2 *vol. in* 4.

136 Le parfait Ambaſſadeur, par D. Ant. de Vera & de Cunniga, trad. *Leyde* 1709. 2 *vol. in* 12.

137 L'Ambaſſadeur & ſes fonctions, par Wicquefort. *Geneve,* 1682. 2 *vol. in* 4.

138 Mémoires ſur les Ambaſſadeurs, par Wicquefort. *Col.* 1677. *in* 12.

139 Le Miniſtre d'Etat, par Silhon. *Amſt.* 1648. *in* 12.

140 Le Miniſtre public, par de la Sarraz du Franqueſnay. *Par.* 1731. *in* 12.

141 Conſidérations polit. ſur les coups d'Etat, par Naudé. *Amſt.* 1667. *in* 12.

142 De la maniere de négocier avec les Souverains par de Callieres. *Amſt. in* 12.

143 Projet pour rendre la paix perpétuelle en Europe, par S. Pierre. *Par.* 1713. 2 *vol. in* 12.

144 Interêts préſens des Puiſſances de l'Europe, par Rouſſet. *Trevoux,* 1734. 17 *vol. in* 12.

145 Droit public de l'Europe, par l'Abbé de Mably. *Par.* 1748. 2 *vol. in* 12.

146 Recueil de Traités de Paix. *Par. Leonard,* 1693 *& ſuiv.* 6 *vol. in* 4.

147 Recueil de Traités de paix &c. *Amſt.* 1700. 4 *vol. in fol.*

148 Corps diplomatique, depuis le cinquieme vol. juſqu'au huitieme incluſ. *Amſt.* 1728. 4 *vol. in fol.*

149 Supplément. *Amſt.* 1739. 5 *vol.* —— Hiſtoire des Traités de Paix. *Amſt.* 1725. 2 *vol. in fol.*

150 Traités de la Paix de Munſter. *La Haye,* 1725. 4 *tom.* 3 *vol. in fol.*

151 Mémoires pour ſervir à l'Hiſtoire du XVIIIe

siecle , par de Lamberty. *La Haye* , 1724 *& suiv.*
14 *vol. in* 4. (les tom. 6,7,8,9,10,13,14, papier
fin).

152 Recueil hift. d'Actes, Négociations & Mé-
moires , par Rouffet. *La Haye* , 1728. 12 *vol.*
in 12.

153 Hiftoire de la Jurifprudence romaine, par
Ant. Terraffon. *Par.* 1750. *in fol.*

154 Corpus Juris civilis , cum indice. *Par.* 1576.
6 *vol. in fol. C. M.*

155 Idem. *Lugd.* 1581. 22 *vol. in* 16.

156 Loix civiles , par Jean Domat. *Luxemb.* 1702.
in fol.

157 Juftiniani Inftitutiones. *Amft.* 1647. *in* 16.

158 Jo. Borcholten in Inftitutiones. *Par.* 1623.
in 4.

159 Arn. Vinnius in Inftitutiones impériales. *Lugd.*
Bat. 1709. 2 *vol. in* 4. (Cum notis mff.)

160 Table des Ordonnances &c. , par Guill. Blan-
chard. *Par.* 1687. *in* 4.

161 Table des Ordonnances des Rois de France ,
par Lauriere. *Par.* 1706. *in* 4.

162 Ordonnances des Rois de France , recueillies
par MM. de Lauriere & Secouffe. *Par.* 1723 &
fuiv. 8 *vol. in fol.*

163 Edits & Ordonnances recueillis par Neron.
Par. 1685. *in fol.*

164 Code de Henri III , par Briffon. *Par.* 1605.
in fol.

165 Conférence des Ordonnances , par P. Gue-
nois. *Par.* 1641. 2 *vol. in fol.*

166 Ordonnances de 1667 - 69 - 70 - 73 - 80 - 81.
Par. 1667. *& fuiv.* 7 *vol. in* 4.

167 Ordonnance de 1667 & 1669. 2 *vol. in* 24.
m. r.

168 Obfervations générales fur l'Ordonnance de
1667. *in fol. mff.*

169 Conférences des Ordonnances de Louis XIV,
par Phil. Bornier. *Par.* 1703. 2 *vol. in* 4.

170 Recueil des Edits & Ordonnances concernant
les Domaines & Droits de la Couronne, avec les
Comment. de L. Carondas le Caron. *Par.* 1690.
in 4.

171 Recueil de Pieces touchant les duels & rencontres. *Par.* 1663. *in* 4.

172 Mémorial alphabétique de Justice, Police &
Finances. *Par.* 1697. *in* 8.

173 Conférence des Edits de pacification, par P.
de Beloy. *Par.* 1600 *in* 8.

174 Abregé des Edits de Louis XIV, contre les
Protestans, par Soulier. *Par.* 1681. *in* 12.

175 Recueil des Edits au sujet des Réformés, *Par.*
1701. *in* 8.

176 Esprit des Ordonnances de Louis XV, sur les
Donations & les Testamens, par   *Par.*
1752. *in* 12.

177 Observations sur les Edits de nos Rois, touchant la célébration des Mariages, par Horry.
Par. 1692. *in* 4.

178 Arrêts de Filleau. *Par.* 1630. 2 *vol. in fol.*

179 Recueil de questions notables, par Soefve.
Par. 1700. *in fol.*

180 Recueil des Arrêts de la Chambre de Mets.
Par. 1631. *in* 4.

181 Institutes coutumieres de Loisel. *Par.* 1679.
in 12. *m. r.*

182 Coutumier général, nouvelle Edition donnée
par Bourdot de Richebourg. *Par.* 1724. 8 *vol.
in fol.*

183 Coutumes de Paris avec les observations de
Tournet, Joly &c. *Par.* 1665. *in* 12.

184 Commentaire sur la Coutume de Paris, par
Ferriere, augm. par Sauvan d'Aramon. *Par.*
1719. 2 *vol. in* 12.   B ij

185 Les Us & Cout. de la Mer. *Rouen*, 1671. *in* 4.

186 Portefeuille contenant un Recueil du résultat des Conférences tenues en 1711, 1712, 1713, sur la Jurisprudence.

187 Découverte des mysteres du Palais. *Paris*, 1693. *in* 12.

188 Traité des Fiefs, par Chantereau le Febvre. *Par.* 1662. *in fol.*

189 Principes du Droit françois sur les Fiefs, par Billecocq. *Par.* 1729. *in* 12.

190 Traité de la preuve par Témoins en matiere civile, par Danty. *Par.* 1715. *in* 4.

191 Dictionnaire de Justice, Police & Finances, par Chasles. *Par.* 1725. *3 tom. 2 vol. in fol.*

192 Causes célebres, par Gayot de Pitaval. *Par.* 1734 *& suiv.* 20 *vol. in* 12.

193 Mémoires pour & contre M. de la Bourdonnais. *in* 4.

194 Mémoires, Factums, sur différens sujets. *in fol.*

195 Liasse de Pieces diverses, Arrêts, Mémoires, Manifestes & Oraison funebre du Card. de Fleury. *in* 4.

196 N. Praticien François, par Lange. *Par.* 1694. *in* 4.

197 Droit public germanique. *Amst.* 1749. *2 vol. in* 12.

198 Code Frederic. 1751. *3 vol. in* 8.

SCIENCES ET ARTS.

PHILOSOPHIE.

199 Dictionnaire des Arts & des Sciences par Th. Corneille. *Par.* 1694. *2 vol. in fol.*

200 Encyclopédie , par Chambers. (en Anglois).
Lond. 1743. 2 *vol. in fol.*

201 Liasse de trois pieces sur la nouvelle Encyclo-
pédie. *in* 12.

202 Histoire critique de la Philosophie , par Des-
landes. *Trevoux.* 1741. 3 *vol. in.* 12.

203 Histoire de la Philosophie païenne. *La Haye ,*
1724. 2 *vol. in* 12.

204 Œuvres de Platon , trad. par Dacier. *Paris ,*
1701. 2 *vol. in* 12.

205 Extrait de Platon , par Fleury. *Par.* 1698.
in 12.

206 Vie de Pythagore , par Dacier. *Par.* 1706. 2
vol. in 12.

207 Hypotyposes ou Institutions pirroniennes de
Sextus Empiricus , trad. *Amst.* 1725. *in* 12. *m. r.*

208 L. An. Senecæ Opera, ex emendat. Lipsii. *Ant.*
1605. *in fol.*

209 Eadem. *Amst.* 1633. *in* 12.

210 Œuvres de Seneqne , trad. par M. de Chalvet.
Par. 1638. *in fol.*

211 Les mêmes. *Par.* 1638. *in fol.*

212 Controverses de Seneque , trad. par de Les-
fargues. *Par.* 1656. *in fol.*

213 Le Cueur des secrets de Philosophie , transla-
té à la Requête de Philippe le Bel. *Par.* 1529.
—— Legende des Flamans. *Par.* 1522. *in* 4.

214 Œuvres de Descartes. *Par.* 1724. 11 *vol.*
in 12.

215 Principes de la Philosophie de Descartes , trad.
Par. 1651. *in* 4.

216 P. D. Huetii Censura Philof. Cartesianæ. *Par.*
1689. *in* 12. *m. r.*

217 Abregé de la Philosophie de Gassendi , par Fr.
Bernier. *Par.* 1674. *in* 12.

218 Réflexions sur le systême de Regis , par du
Hamel. *Par.* 1692. *in* 12.   B iij

219 Elemens de la Philofophie de Newton, par Voltaire. *Par.* 1738. *in* 8.

220 Les mêmes. *Par.* 1741. *in* 12.

221 Réponfe aux objections faites contre la Philofophie de Newton. 1739. *in* 8.

222 Introduction à la Philofophie, par s'Gravefande, trad. *Leide*, 1737. *in* 12.

223 Manuel d'Epictete avec les commentaires de Simplicius, trad. par Dacier. *Par.* 1715. 2 *vol. in* 12.

214 Penfées morales de Marc Antonin, trad. *Par.* 1681. *in* 12.

225 Les mêmes, trad. avec des Remarques, par Dacier. *Par.* 1691. 2 *vol. in* 12.

226 Œuvres morales & politiques de Franc. Bacon, trad. par Baudoin. *Par.* 1626. *in* 8.

227 L'Artifan de la fortune, par Bacon, trad. *Par.* 1689. *in* 12.

228 Effais de Bacon, trad. *Par.* 1734. *in* 12.

229 Les trois Mirouers du Monde, par Jehan Picard, revus & corrigés par Cl. de Campis. *Par.* 1530. *in* 8.

230 Confolations de la Philofophie, par Ceriziers. *Par.* 1663. *in* 12.

231 Maximes & Remarques morales & politiques, &c. *Amft.* 1701. *in* 12.

232 Réflexions fur différens fujets. *Par.* 1677. *in* 12.

233 Effais de morale & de politique. *Lyon.* 1687. *in* 12.

234 Traité du vrai mérite de l'Homme, par le Maître de Claville. *Rouen*, 1738. 2 *vol. in* 12.

235 Défenfe & forterelle de l'honneur & vertu des Dames, divifé en quatre baftions, par Fr. de Billon. *Par.* 1564. *in* 4.

236 L'Ecole de la fageffe, Dialogue contre les Femmes. *Par.* 1699. *in* 12.

237 Confeils d'Arifte à Celimene. *Par.* 1692.
in 12.

238 Confeils donnés à une jeune perfonne. *Paris*,
1710. *in* 12.

239 Diverfes Maximes & Réflexions. *Par.* 1707.
in 12.

240 Vérités Satyriques en Dialogues. *Paris*, 1725.
in 12.

241 Caracteres de Théophrafte , par la Bruiere.
Paris, 1700. 2 *vol. in* 12.

242 Les mêmes. *Par.* 1700. 3 *vol. in* 12.

243 Réflexions fur divers fujets. *Par.* 1711. *in* 12.

244 L'Efprit du fiecle. *Par.* 1707. *in* 12.

245 Confidérations fur les mœurs de ce fiecle , par
Duclos. *Par.* 1751. *in* 12.

246 Le Spectateur Anglois, par Steele , (en Angl.)
Lond. 1739. 8 *v. in* 12.

247 Le même, trad. *Rouen*, 1722. 6 *v. in* 12.

248 Le même. *Trevoux.* 1741. 6 *v. in* 12.

249 Bibliotheque des Dames , par Steele. *Amft.*
1724. *in* 12.

250 Le Mentor moderne. *Rouen*, 1725. 3 *vol.*
in 12.

251 Le Mifantrope , par Van Effen. *La Haye*,
1726. 2 *vol. in* 12.

252 Le Free-holder , ou l'Anglois jaloux de fa li-
berté , trad. *Amft.* 1727. *in* 12.

253 Le Babillard (en Angl.) *Lond.* 1737. 4 *vol.*
in 12.

254 La Bagatelle, par Van Effen. *Amft.* 1722. 3
tom. 1 *vol. in* 12.

255 Penfées diverfes fur l'Homme , par Pecquet.
Par. 1738. *in* 12.

256 La fauffeté des vertus humaines ; par Efprit.
Par. 1678. 2 *vol. in* 12.

257 Principes de la Philofophie morale, ou Effai

ſur le mérite & la vertu. *Amſt.* 1745. *in* 8.

258 Entretiens de Petrarque, trad. *Par.* 1673. 2
vol. *in* 12.

259 De la vertu des Payens, par la Motte le Vayer.
Par. 1647. *in* 4.

260 Caracteres des Paſſions, par de la Chambre.
Par. 1663. 5 *vol. in* 12.

261 Maximes de Madaillan de Leſparre ſur les de-
voirs de l'amitié &c. mſ. *in* 4. *m. r.*

262 De l'éducation des Enfans, par Locke, trad.
par Coſte. *Par.* 1711. *in* 12.

263 La même. *Rouen*, 1737. *in* 12.

264 Avis d'une Mere (Mde. Lambert) à ſon Fils
& à ſa Fille. *Par.* 1728. *in* 12.

265 Teſtament de P. Fortin de la Hoguette. *Par.*
1649. *in* 8.

266 Inſtitution d'un Prince, par Duguet. *Amſt.*
1743. 3 *vol. in* 12.

267 Inſtruction polit. pour un Gentilhomme. *Par.*
1695. *in* 12.

268 L'Art de plaire dans la converſation, par Bel-
legarde. *Paris*, 1688. *in* 12.

269 N. Traité de la Civilité françoiſe. *Par.* 1688.
in 12.

270 Traité de la Pareſſe, par Courtin. *Par.* 1677.
in 12.

271 Ouvrages de Politique de l'Abbé de Saint
Pierre. *Rotterd.* 1738. 22 *v. in* 12.

272 Réflexions hiſt. & polit. ſur les moïens de
gouverner les Etats, &c. *Leide*, 1739. *in* 12.

273 Maximes polit., par le P. d'Obeilh. *Amſt.*
1671. *in* 12.

274 L'Art de regner, par le P. le Moyne. *Par.*
1665. *in fol.*

275 Arn. Clapmarius de Arcanis rerum publica-
rum. *Amſt.* 1641. *in* 12.

276 Jo. Caſi Sphæra Civitatis. *Francof.* 1589. *in* 4.

277 République de Jean Bodin. *Par.* 1579. *in fol.*

278 Amb. Marliani Theatrum politicum. *Dantiſci.* 1655. *in* 12.

279 Georg. Hornii Diſſertationes, & Orbis Politicus. *Lugd. Bat.* 1655, 1668. 2 *v. in* 12.

280 J. Lipſii Politica. *Lugd. Bat.* 1634. *in* 18.

281 Les Politiques de Juſte Lipſe, trad. *Gen.* 1613. *in* 12.

282 Utopie de Th. Morus, trad. par Gueudeville. *Amſt.* 1730. *in* 12.

283 Diſcours ſur le Gouvernement, par Algernon Sidney, trad. par Samſon. *La Haie*, 1702. 3 *v. in* 12.

284 Steph. Junii Bruti Vindiciæ contra Tyrannos. *Amſt.* 1660. *in* 12.

285 Traité phil. des Loix naturelles, par Cumberland, trad. par Barbeyrac. *Amſt.* 1744. *in* 4.

286 Le Prince de Machiavel, trad. par Amelot. *Amſt.* 1684. *in* 12.

287 Examen du précédent. 1622. *in* 12.

288 Autre avec des notes par Voltaire. *La Haie*, 1741. 2 *tom.* 1 *v. in* 8.

289 L'Homme de Cour, par Gracian, trad. par de la Houſſaie. *Amſt.* 1728. *in* 12.

290 L'Homme détrompé par Gracian, trad. *Gen.* 1725. 3 *vol. in* 12.

291 Le Vrai Citoïen. *La Haie*, 1743. *in* 8.

292 Hiſtoire du Commerce & de la Navigation des Anciens, par Huet. *Par.* 1716. *in* 12.

293 Dictionnaire du Commerce, par Savary. *Amſt.* 1726, 1732. 3 *v. in* 4.

294 Mémoires pour les Finances. *mſ. in fol.*

295 Secret des Finances de France, par Froumenteau. *Par.* 1581. *in* 8.

296 Détail de la France, par Boisguillebert. 1707. *in* 12.

297 Projet d'une Dîme roïale, par M. de Vauban. *Amst.* 1707. *in* 12.

298 Des Tailles, & des Officiers établis pour la levée, recette, & jugemens. *mss. in fol.*

299 Projet de Taille tariffée par l'Abbé de S. Pierre. *Rotterd.* 1737. *in* 12.

300 Essai sur la Marine & sur le Commerce, par Deslandes. *Amst.* 1743. *in* 12.

301 Essai Politique sur le Commerce, par Mellon. *Par.* 1736. *in* 12.

302 Réflexions politiques sur les Finances, par du Tot. *Par.* 1738. 2 *v. in* 12.

303 Examen du préced. Ouvrage, par Deschamps. *Par.* 1740. 2 *v. in* 12.

304 Remarques sur les avantages & les désavantages de la France, &c., par rapport au Commerce, par Nickols, trad. *Par.* 1754. *in* 12.

305 De la Recherche de la Vérité, par le P. Malebranche. *Par.* 1700. 3 *vol. in* 12.

306 Réflexions sur le système de la nature & de la grace, par Arnauld. *Col.* 1685. 3 *vol. in* 12.

307 Des vraies & des fausses idées, par Arnauld. *in* 12.

308 Dissertation d'Arnauld sur les Miracles de l'anc. Loi. *Col.* 1685. *in* 12.

309 La Philosophie du bons sens, par d'Argens. *La Haie,* 1740. 2 *vol. in* 12.

310 Traité des Systêmes, par Bonnot de Condillac. *Par.* 1749. 2 *v. in* 12.

311 Essai sur l'origine des connoissances humaines, par le même. *Par.* 1746. 2 *vol. in* 12.

312 Traité des Sensations, par le même. *Paris,* 1754. 2 *vol. in* 12.

313 Essais de Théodicée sur la bonté de Dieu, &c. par Leibnitz. *Amst.* 1734. 2 *vol. in* 12.

314 Traité de l'immortalité de l'ame, démontrée

autant qu'il est possible par les connoissances na-
turelles & par la lumiere de la raison. *mf. in fol.
m. r.*

315 Système de l'ame, par la Chambre, *Paris,*
1665. *in* 12.

316 Traité de la foiblesse de l'Esprit humain, par
Huet. *Amst.* 1723. *in* 12.

317 Essai phil. concernant l'Entendement humain
par Locke, trad. par Coste. *Amst.* 1729. *in* 4.

318 Abregé du précedent ouvrage , trad. par
Boslet. *Trevoux ,* 1741. *in* 12.

319 Traités d'Ant. Shafftesbury. (en Anglois)
Lond. 1733. 3 *vol. in* 12.

320 Dissertations sur l'union de la Religion , de
la Morale & de la Politique ; tirées de Guill.
Warburton. *Amst.* 1742. 2 *vol. in* 12.

321 La Fable des Abeilles (en Angl.). *Lond.*
1732. *in* 8.

322 Collections de Traités sur différens sujets, par
Th. Chubb (en Angl.). *Lond.* 1730. *in* 4.

323 Discours sur l'expérience & la raison , par
Bayle. *Par.* 1675. *in* 12.

324 Pensées sur l'interprétation de la Nature. *Par.*
1754. *in* 12.

325 Abregé du Méchanisme universel , par Morin.
Chartres , 1735. *in* 12.

326 Lettres sur les Aveugles. 1749.═L'Ombre du
grand Colbert. 1749. *in* 12.

327 Ouvrages du Citoïen de Geneve (Rcusseau)
in 8.

328 Jo. Bap. Portæ Magia naturalis *Ant.* 1560.
in 8.

329 Le Monde enchanté , par Bekker. *Rotterd.*
1694. 4 *v. in* 12.

330 Apologie pour les grands Hommes soupçon-
nés de Magie, par Gab. Naudé. *Amst.* 1712. *in* 8.

331 Differtation fur les apparitions des Efprits.
Par. 1731. *in* 12.

332 Differtations fur les Vampires, par Calmet.
Par 1746. *in* 12.

333 La Phyfique occulte, par Vallemont. *Amft.*
1696. *in* 12.

334 Lettres fur la Baguette. *Par.* 1697. *in* 12. *m. r.*

335 Hiftoire crit. des Pratiques fuperftitieufes,
par le P. le Brun. *Par.* 1732. 3 *v. in* 12.

336 Traité de Phyfique, par Rohault. *Par.* 1682.
2 *vol. in* 12.

337 Rob. Boyle de coloribus, de qualitatibus re-
rum cofmicis: de vi Aeris elaftica. *Roterod.* 1661.
& *feqq.* 4 *v. in* 12.

338 Conjectures phyfiques, par Nic. Hartfoeker.
Amft. 1706, 1708, 1710. 2 *vol. in* 4.

339 Effai de Phyfique par Muffchenbroek, trad.
par Maffuet. *Leyden*, 1739. 2 *v. in* 4.

340 Obfervations de Phyfique. *Par.* 1730. 3 *vol.*
in 12.

341 Entretiens Phyfiques du P. Regnault. *Par.*
1732. 4 *vol. in* 12.

342 Les mêmes. *Par.* 1737. 4 *vol. in* 12.

343 Leçons de Phyfique de Privat de Molieres.
Par. 1734. 2 *vol. in* 12.

344 Expériences de Phyfique, par Poliniere. *Par.*
1718. *in* 12.

345 Les mêmes. *Par.* 1734. 2 *vol. in* 12.

346 Inftitutions de Phyfique, par Mde. du Châte-
let. *Par.* 1740. *in* 8.

347 Leçons de Phyfique expérimentale, par Côtes
trad. par le Monnier. *Par.* 1742. *in* 8.

348 Recueil de Traités de Phyfique &c., par Def-
landes. *Par.* 1736. *in* 12.

349 Mémoires fur la Phyfique, les Mathémati-
ques, &c, trad. de l'Anglois, par Eidous. *Par.*
1750. *in* 12.

350 Programme de l'Abbé Nollet. *Par.* 1738. *in* 12.

351 Leçons de Phyſique expérimentale du même.
Par. 1743. 4 *v. in* 12.

352 Les mêmes. *Par.* 1743. 3 *vol. in* 12.

353 Hiſtoire du Ciel, par Pluche. *Par.* 1739. 2
vol. in 12.

354 Telliamed par Maillet. *Paris*, 1748. *in* 8.

355 Deſcription d'un Ventilateur par Eſt. Halles,
(en Angl.) *Lond.* 1743. *in* 8.

356 Traités de l'équilibre des liqueurs, &c., par
Paſcal. *Par.* 1663. *in* 12.

357 Les mêmes. *Par.* 1698. *in* 12.

358 Traités de Méchanique, de l'équilibre, des
ſolides & des liqueurs, par le P. Lamy. *Par.*
1679. *in* 12.

359 Joh. Alph. Borellus de Vi percuſſionis, edente
Jo. Broen. *Lugd. Bat.* 1686. *in* 4.

360 Second Eſſai de la nature de l'air, par Ma-
riotte. *Par.* 1679. *in* 12.

361 La Statique des végétaux, & l'Analiſe de l'air,
par Halles, trad. par M. de Buffon. *Par.* 1735.
in 4.

362 Diſſertations ſur l'électricité, par J. T. Deſa-
guliers (en Angl.) *Lond.* 1742. *in* 8.

363 Eſſai ſur l'Electricité des Corps, par Nollet.
Par. 1746. == Expériences ſur l'Electricité, par
Franklin, trad. *Par.* 1752. *in* 12.

364 Le Spectacle du Feu élémentaire, & Cours de
l'Electricité expérimentale, par Ch. Rabiqueau.
Par. 1753. *in* 8.

365 Diſſertation ſur la Glace, par de Mairan. *Par.*
1749. *in* 12.

366 Traité Phyſique de la lumiere & des couleurs,
par Jean Banieres. *Par.* 1737. *in* 12.

367 Fr. Baconus de Ventis. *Amſt.* 1661. *in* 12.

368 Apologie des Bêtes, par de Beaumont. *Par.*
1739. *in* 8.   C iij

369 Essai Philos. sur l'ame des Bêtes, par Boullier. *Amst.* 1728. *in* 12.

370 Discernement du Corps & de l'Ame, par de Cordemoy. *Par.* 1671. *in* 12.

371 Dissertation sur le Negre blanc. *Par.* 1744. *in* 12.

HISTOIRE NATURELLE.

372 C. Plinii Historia naturalis. *Col.* 1524. *in fol.*

373 Eadem, cum notis varior. *Lugd. Bat.* 1669. 3 *vol. in* 8.

374 Histoire du Monde, par Pline, trad. par du Pinet. *Par.* 1615. *in fol.*

375 Spectacle de la nature, par Pluche. *Paris,* 1737. 7 *v. in* 12.

376 La Lithologie & la Conchyliologie, par Dezalliers. *Par.* 1742. *in* 4.

377 Traité de l'Aiman, par Dalancé. *Amst.* 1687. *in* 12.

378 Discours des Eaux chaudes & Bains de Plombieres, par Dom. Berthemin. *Nancy,* 1615 *in* 8.

379 Nouv. Traité des Eaux minérales de Forges, par Linand. *Par.* 1697. *in* 8.

380 Système des Bains & Eaux de Vichy, par Fouet. *Par.* 1686. *in* 12.

381 Dictionnaire du bon Ménager, par Liger. *Par.* 1722. *in* 4.

382 Dictionnaire Œconomique, par Chomel. *Lyon,* 1732. 2 *v. in fol.*

383 Le même avec le Supplément, *Lyon,* 1732, 1743. 4 *vol. in fol.*

384 Ad. Spigelii Isagoges in rem herbariam. *Lugd. Bat.* 1633. *in* 24.

385 Elémens de Botanique, par Tournefort. *Par.* 1694. 3 *vol. in* 8.

386 Hiftoire des Plantes. *Lyon*, 1726. 2 *v. in* 12.

387 Hiftoire du Tabac, par de Prade. *Par.* 1677. *in* 12.

388 Remarq. fur la culture des Fleurs, par P. Morin. *Par.* 1678. *in* 12.

389 Méthode pour les Arbres à fruit, par de la Riviere & du Moulin. *Par.* 1738. *in* 12.

390 Le Jardinier fleurifte, par Liger. *Par.* 1721. *in* 12

391 Théorie & pratique du Jardinage, par le Blond. *Par.* 1722. *in* 4.

392 Theatrum Animalium ftudio Henr. Ruyfch. *Amft.* 1718. 2 *vol. in fol.*

393 Traité des Serins de Canarie, par Hervieux. *Par.* 1709. *in* 12.

394 Fr. Redi Opufcula. *Lugd. Bat.* 1729. 3 *vol. in* 12.

395 Mémoires pour fervir à l'Hiftoire des Infectes par de Reaumur. *Par.* 1734 & *fuiv.* 6 *vol. in* 4.

396 Hiftoire naturelle avec la defcription du Cabinet du Roi, par M. de Buffon. *Par.* 1749. & *fuiv.* 4 *vol. in* 4.

397 Catalogue des Curiofités du Cabinet de la Roque : de Coquilles, par Gerfaint. *Par.* 1745, 1736, 1737. *in* 12.

MEDECINE, &c.

398 Œuvres d'André du Laurens, trad. par Th. Gelée. *Par.* 1613. *in fol.*

399 Elémens de Médecine, par Bontekoé. *Paris*, 1698. 2 *vol. in* 12.

400 De la Digeftion & des Maladies de l'eftomac, par Hecquet. *Par.* 1712. *in* 12.

401 Les trois premiers Livres de la fanté en vers, par Gérard François. *Par.* 1585. *in* 12.

402 Dialogue de la Santé. *Paris*, 1683. *in* 12.

403 Regles de la santé, par A. Porchon. *Paris*, 1684. *in* 12.

404 Régime de santé, par de la Cour. *Par.* 1686. *in* 12.

405 Le même. *Par.* 1690. *in* 12.

406 Traité des Maladies, par Helvetius. *Paris*, 1703. *in* 12.

407 Traité de la communication des maladies & des Passions. *La Haye*, 1738. *in* 12.

408 Traité de la matiere médicale, par Geoffroi, trad. *Par.* 1743. 7 *vol. in* 12.

409 Dissertations sur plusieurs maladies populaires, par Navier. *Par.* 1753. *in* 12.

410 Histoire de la maladie singuliere d'une Femme, &c. par Morand. *Par.* 1752.══Réplique de M. Navier à M. Aubert. *Par.* 1752. *in* 12.

411 Dissertation sur l'incertitude des signes de la Mort, par Bruhier. *Par.* 1742. *in* 12.

412 Remarques de Médecine, par Andry. *Par.* 1711. *in* 12.

413 Des propriétés de la Médecine par rapport à la vie civile, par de Santeul. *Par.* 1739. *in* 12.

414 Nouv. Découvertes en Médecine, par de Marconnay. *Rouen*, 1734. ══ Dissert. sur un mal de gorge gangreneux, par Chomel. *Par.* 1749. *in* 12.

415 Anatomie du Corps humain, par de S. Hilaire. *Par.* 1698. 2 *vol. in* 8.

416 Anatomie du corps de l'homme, par Noguez. *Par.* 1723. *in* 12.

417 Anatomie des parties génitales de l'homme & de la femme, par Graaf, trad. *Bâle*, 1689. *in* 8.

418 Anatomie de la Tête de l'homme, par de la Charriere. *Par.* 1703. *in* 12.

419 Tableau de l'amour conjugal, par Venette. *Par.* 1732. 2 *v. in* 12.   420

410 Procès de M. de Gefvres. *Rouen*, 1713. 2 *v.* *in* 12.

421 Traité de la Cataracte, par Briffeau. *Paris*, 1709. *in* 12.

422 Hiftoire des Drogues, par Pierre Pomet. *Par.* 1694. *in fol.*

423 Codex Medicamentarius Parif. *Lutet.* 1732. *in* 4.

424 La Médecine abrégée en faveur des Pauvres, par Dubé. *Par.* 1692. *in* 12.

425 Secrets d'Alexis Piemontois, trad. *Anvers*, 1557. *in* 4.

426 Recueil des Remedes de Mad. Fouquet. *Par.* 1726. 2 *v. in* 12.

427 Le Manuel des Dames de Charité. *Par.* 1747. *in* 12.

428 Recueil de fecrets & curiofités, par d'Emery. *Amft.* 1709. 2. *v. in* 12.

429 Cours de Chymie, par Nic. l'Emery. *Paris*, 1730. *in* 8.

430 Traité de la Chymie, par le Fevre. *Paris*, 1674. 2 *vol. in* 12.

431 Traité de la Thériaque, par de Juffieu. *Trévoux*, 1708. *in* 12.

432 Pet. Maria Caneparius de Atramentis. *Lond.* 1660. *in* 4.

433 Œuvres de Jean Belot. *Liege*, 1704. *in* 12.

434 Hiftoire de la Philofophie Hermétique, par Lenglet du Frefnoy. *Par.* 1742. 3 *vol. in* 12.

435 Les Secrets de la Philofophie des Anciens, découverts par Croffet de la Heaumerie. *Paris*, 1722. *in* 12.

436 Secrets du Grand & Petit Albert. 1729. 2 *v. in* 12.

437 Le Comte de Gabalis, les Génies affiftans, le Gnome, par de Villars. *Par.* 1670. *La Haye*, 1718. 2 *vol. in* 12.

438 Liasse de Pieces sur la Contestation des Médecins & des Chirurgiens.

MATHÉMATIQUES, &c.

439 Récréations Mathématiques, par Ozanam. *Par.* 1694. 2 *vol. in* 8.

440 Œuvres de Mariotte. *La Haye*, 1740. 2 *vol. in* 4.

441 Recherches de Mathématique & de Physique, par Parent. *Par.* 1705. 2 *v. in* 12.

442 Elémens des Mathématiques, par Lamy. *Par.* 1715. *in* 12.

443 Isaaci Newtoni Opuscula Mathematica, Philosoph. & Philol. ex vers. & recens. Joh. Castillionei. *Lausannæ.* 1744. 3 *vol. in* 4.

444 Cours de Mathématique, par Camus. *Paris,* 1749. 4 *vol. in* 8.

445 Dictionnaire Mathématique, par Ozanam. *Par.* 1691. *in* 4.

446 Dictionnaire de Mathématique & de Physique, par Saverien. *Par.* 1753. 2 *v. in* 4.

447 L'Arithmétique en sa perfection, par le Gendre. *Bordeaux*, 1700. *in* 8.

448 l'Arithmétique de Barreme. *Par.* 1716. *in* 12.

449 La même. *Par.* 1736. *in* 12.

450 Le Livre Nécessaire de Fr. Barreme. *Paris,* 1708. *in* 12.

451 Comptes Faits. *Nancy.* 1715. *in* 18.

452 Algebre de Viete. *Par.* 1636. *in* 8.

453 Application de l'Algebre à la Géométrie, par Guisnée. *Par.* 1733. *in* 4.

454 Elémens d'Algebre, par Clairaut. *Par.* 1746. *in* 8.

455 Euclidis Opera. *Par.* 1516. *in fol.*

456 Elémens d'Euclide, par de Challes. *Paris,* 1683. *in* 12.

457 Les mêmes. *Par.* 1738. *in* 12.

458 Elémens de Géométrie, par le P. Bern. Lamy.
Par. 1695. *in* 12.

459 Les mêmes. *Par.* 1731. *in* 12.

460 Elémens d'Euclide, par Ozanam. *Par.* 1711.
in 8.

461 Géométrie Pratique, par Ozanam. *Par.* 1689.
in 12.

462 Géométrie Pratique, & abrégé de Méchanique,
par Sauveur. *Mff.* 3 *v. in* 4.

463 Elémens de Géométrie, par de Malezieu. *Par.*
1729. *in* 8.

464 Elémens de Géométrie, par Clairaut. *Paris*,
1741. *in* 8.

465 Géométrie *Mff. in* 8.

466 Pratique de la Géométrie, par le Clerc. *Paris*,
1682. *in* 12.

467 Analyse des infiniment Petits, par M. de
l'Hôpital. *Paris*, 1715. *in* 4.

468 Traité ou Méthode des Fluxions, &c. par
Newton (en Angl.) *Lond.* 1737. *in* 8.

469 La même, trad. par M. de Buffon. *Par.* 1740.
in 4.

470 Miscellanea analytica de seriebus & quadra-
turis. *Lond.* 1730. *in* 4.

471 Analyse des infiniment Petits, par Stone,
trad. par Rondet. *Paris*, 1735. *in* 4.

472 Commentaire sur l'Analyse des infiniment Pe-
tits, par Crouzas. *Par.* 1721. *in* 4.

473 Traité analytique des Sections coniques, &c.
par M. de l'Hôpital. *Par.* 1720 *in* 4.

474 Fr. Van Schooten Tabulæ Sinuum, Tangentium,
Secantium. *Amft.* 1627 *in* 16.

475 Table des Sinus, par Ozanam. *Par.* 1685.
in 8.

476 Usage du Compas de proportion, par Oza-

nam. *Par.* 1701. ═ Canale de Provence, par Floquet. *Paris*, 1750. ═ Essai sur la Marine & sur le Commerce. 1743. *in* 8.

477 Méthode pour arpenter, par Ozanam. *Par.* 1699. *in* 12.

478 Géométrie servant à l'Arpentage, par Barreme. *Paris*, 1673. *in* 12.

479 L'Ecole des Arpenteurs. *Par.* 1727. *in* 12.

480 Elémens d'Astronomie avec les Tables, par M. Cassini. *Par.* 1740. 2 *vol. in* 4.

481 Tables Astronomiques, par M. de la Hire. *Par.* 1735. *in* 4.

482 Elemens d'Astronomie, par de Maupertuis. *Par.* 1743. *in* 8.

483 Institutions Astronomiques, trad. des Leçons d'Astronomie de Keil. *Par.* 1746. *in* 4.

484 La Découverte des Longitudes, par de la Drevetiere. *Par.* 1740. *in* 12. *m. r.*

485 Entretiens sur la pluralité des Mondes, par de Fontenelle. *Par.* 1724. *in* 12.

486 Calendrier perpetuel, par M. Sauveur. *Par.* 1735. *in fol.*

487 Dégré du Méridien, entre Paris & Amiens, par M M. Picard, de Maupertuis, &c. *Paris*, 1740. *in* 8.

488 La Géographie & Cosmographie, par Ozanam. *Paris*, 1711. *in* 8.

489 Tabulæ æquinoctiales novi Persarum & Turcarum anni, è Biblioth. Georg. Hier. Velschii. *Aug. Vindel.* 1676. *in* 4.

490 Elémens de Géographie, par de Maupertuis. *Par.* 1742. *in* 8.

491 La Figure de la Terre, déterminée par les Observ. de M M. de Maupertuis, Clairaut, Camus, &c. *Par.* 1738. *in* 8.

492 Examen des Ouvrages faits pour déterminer

la Figure de la Terre. *Amst.* 1741. *in* 8.

493 Rélation d'un Voïage fait dans l'intérieur de l'Amérique Méridionale, par M. de la Condamine. *Par.* 1745. *in* 8.

494 Journal du Voïage fait à l'Equateur, par M. de la Condamine. *Par.* 1751. *in* 8.

495 Supplément au Journal précédent, avec la Lettre de M. Bouguer, *Par.* 1754. 3 *vol. in* 4.

496 Discours sur les différentes Figures des Astres, par Maupertuis, *Paris,* 1742. *in* 8.

497 Discours sur la Parallaxe de la Lune, par le même, *Par.* 1741. *in* 8.

498 Lettres du même, *Paris,* 1753. *in* 12.

499 Essai de Philosophie Morale, par le même, *Par.* 1751. == Lettre sur le progrès des Sciences, par le même, 1752. == Lucina sine concubitu. 1750. *in* 12.

500 Diatribe du D. Akakia. *Paris,* 1753. *in* 12.

501 La Théorie des Planetes, du Comte de Pagan. *Par.* 1657. *in* 4.

502 Lettre sur la Comete, par de Maupertuis. *Par.* 1742. *in* 12.

503 Traité de la Comete, qui a paru en Décemb. 1743 & Janv. Fév. Mars 1744, avec les observ. de MM. Cassini, Calandrini, par J. B. Louis de Chefeaux. *Lauf.* 1744. *in* 8.

504 Traité d'Horlogiographie, par le P. Pierre de Sainte Marie Magdelaine *Par.* 1680. *in* 12.

505 Le même. *Paris,* 1701. *in* 12.

506 Traité des Horloges, par D. Jacq. Alexandre. *Par.* 1734. *in* 8.

507 Traité d'Horlogerie, par Derham, trad. *Paris,* 1731. *in* 12.

508 Description d'une Horloge, par Sully. *Paris,* 1726. *in* 4.

509 Regle Artificielle du Tems, par Sully. *Par.* 1717. *in* 8.   D iij

510 La même augmentée, par Julien le Roy. *Par.* 1737. *in* 12.

511 Traité de l'Horlogerie, par Thiout. *Par.* 1741. 2 *v. in* 4.

512 Traité d'Horlogerie, par J. A. le Paute. *Par.* 1755. *in* 4.

513 Hydrographie du P. Fournier. *Paris,* 1643. *in fol.*

514 Traité de la Fabrique, de la Manœuvre pour les Vaiſſeaux, où l'Art de la Corderie, par M. du Hamel du Monceau. *Par.* 1747. *in* 4.

515 Inſtruction des Pilotes, par le Cordier. *Au Havre, in* 8.

516 Dictionnaire des termes de Marine, par Deſroches. *Par.* 1687. *in* 8.

517 J. B. Morini Aſtrologia Gallica. *Hag. Com.* 1661. *in fol.*

518 Traité d'Optique, par Newton trad. par Coſte. *Amſt.* 1720. 2 *vol. in* 12.

519 Le même. *Par.* 1722. *in* 4.

520 Eſſai d'Optique ſur la Gradation de la Lumiere, par Bouguer. *Par.* 1729. *in* 8.

521 Syſtême complet d'Optique, par Rob. Smith. (en Anglois) *Cambrige.* 1738. *in* 4.

522 Dioptrica Pratica del Carlo Ant. Manzini. *in Bolog.* 1660. *in* 4.

523 La Dioptrique oculaire, par le P. Cherubin. *Par.* 1661. *in fol.*

524 La même. *Paris,* 1671. *in fol.*

525 Hiſtoire de la Muſique, par Bonnet. *Paris,* 1715. *in* 12.

526 Dialogue ſur la Muſique des Anciens, par de Châteauneuf. *Paris,* 1725. *in* 12.

527 Muſique théorique & pratique, par Rameau. *Par.* 1722. *in* 4.

528 Iphiſe, le Momen: perdu, Bacchus vaincu

par l'Amour, Cantatilles. *in fol.*

529 Brunettes, par de Monteclair. *Par. in* 4.

530 Statique ou Science des forces mouvantes, par Pardies. *Paris*, 1673. *in* 12.

531 Raifons des forces mouvantes, par Sal. de Caus. *Francf.* 1615. *in fol.*

532 Traité pour la pratique des forces mouvantes, par Gobert. *Par.* 1702. *in* 4.

533 Traité des forces mouvantes, pour la pratique des Arts & Métiers, par de Camus. *Par.* 1722. *in* 8.

534 Differtation fur l'eftimation & la mefure des forces motrices des Corps, par de Mairan. *Par.* 1741. *in* 12.

535 Traité du mouvement des Eaux & des autres Corps fluides, par Mariotte, donné par de la Hire. *Par.* 1718. *in* 12.

536 La Science des Eaux, par le P. Jean François. *Rennes.* 1653. *in* 4.

537 L'Art des Fontaines, par le même. *Rennes.* 1665. *in* 4.

538 Elévation des Eaux par toutes fortes de machines, &c. par le Chev. Morland. *Par.* 1665. *in* 4.

539 Elémens de Méchanique & de Phyfique, par Parent. *Par.* 1700. *in* 12.

540 La Méchanique & la Perfpective, par Ozanam. *Par.* 1693. *in* 8.

541 Quefiti ed Inventioni diverfe de Nic. Tartaglia. *In Venet.* 1554. *in* 4.

542 Liaffe de Pieces fur les Méchaniques. *in* 4.

543 Deffeins artificiaux de toutes fortes de moulins à vent, à l'eau, &c. par Jacq. de Strada. *Francfort.* 1617. 2 *vol. in fol.*

544 Effai hift. fur les Lanternes. *Dole.* 1755. *in* 12.

545 Ufage de l'Inftrument univerfel, par Oza-
nam. *Par.* 1700. *in* 12.

546 Traité de la conftruction & des ufages des
Inftrumens de Mathématiques, par Bion. *Paris*,
1725. *in* 4.

547 Ufage des Aftrolabes, par Bion. *Par.* 1702.
in 12.

548 Mémoire fur la maniere d'obferver fur Mer
la déclinaifon de l'aiguille aimantée, &c. par
Meynier. *Par.* 1732. *in* 4.

549 L'Ufage des Globes par Bion. *Paris*, 1699.
in 12.

550 Le même. *Paris*, 1703. *in* 12.

551 Rem. & Expériences phyf. fur une nouv.
Clepfydre, &c. par Amontons. *Paris*, 1695.
in 12.

552 Traité des Inftrumens propres à obferver les
Aftres fur mer, par Saverien. *Par.* 1752. *in* 12.

553 Traité du Microfcope, par Henri Baker. (en
Angl.) *Lond.* 1743. *in* 8.

554 Nouv. Obfervations Microfcopiques, par
Needham, trad. *Par.* 1750. *in* 12.

555 Defcription du Cabinet de M. de Serviere.
Lyon. 1719. *in* 4.

LES ARTS, &c.

556 Polygraphie de Tritheme, trad. par de Col-
lange. *Par.* 1571. *in* 4.

557 Nouv. Méthode pour apprendre à deffiner fans
Maître. *Par.* 1740. *in* 4. *fig.*

558 Elémens de la Peinture pratique, par J. B.
Corneille. *Paris*, 1684. *in* 12.

559 Cours de Peinture, par de Piles. *Par.* 1708.
in 12.

560 La Peinture, Poème, par de Marfy, trad. *in* 12.

561

561 Réflexions fur l'état préfent de la Peinture en France. 1747. ━ Lettre fur l'Expofition des Tableaux. 1747. *in* 12.

562 Ecole de la Mignature. *Lyon.* 1679. *in* 12.

563 Traité des manieres de graver en Taille-douce, fur l'airain, &c. par Ant. Boffe. *Par.* 1645. *in* 8.

564 Entretiens fur les vies des Peintres, par Felibien. *Trévoux.* 1725. *6 vol. in* 12.

565 Abrégé de la Vie des Peintres, par de Piles. *Par.* 1715. *in* 12.

566 Vie des Peintres Flamands, Allemands, & Hollandois. &c. par Defcamps. *Par.* 1753. *in* 8.

567 Abrégé de la Vie des plus fameux Peintres, par Dezalliers. 1745. *2 vol. in* 4.

568 Defcrizione di Pitture di Venezia. 1733. *in* 8.

569 Sacræ Hiftoriæ Acta à Raphaele Urbinate in vaticanis xyftis efpreffa, *Par. Mariette.* 1649. *in fol.*

570 Defcription des Tableaux du Palais Roïal, par du Bois de S. Gelais. *Par.* 1727. *in* 12.

571 Vues des belles Maifons de France, par Perelle. *in* 4. *obl.*

572 Figures de Payfages. *in* 4.

573 Figures des Amours de Pfiché, par Ant. Sal. *in* 4. *obl.*

574 Traité des Statues, par Leméé. *Paris*, 1688. *in* 12. *m. r.*

575 Principes d'Architecture, &c. par Felibien. *Amft.* 1699. *in* 4.

576 Architecture de Vitruve, trad. par Perrault. *Par.* 1684. *in fol.*

577 Traité des cinq ordres d'Architecture, par Palladio, trad. par le Muet. *Par.* 1645. *in* 4.

578 Architecture de Vignole. *Par. in fol.*

579 Architecture de du Cerceau. *Paris*, 1611. 2 *in fol.*

E

580 Bâtiments de du Cerceau. *Paris,* 1576. *in fol.*

581 Œuvres de Marot. *in fol.*

582 Cours d'Architecture, par Daviler. *Par.* 1691. 2 *vol. in* 4.

583 l'Architecture pratique, par Bullet. *Par.* 1722. *in* 8.

584 Architecture moderne. *Paris,* 1728. 2 *vol. in* 4.

585 Essai sur l'Architecture, par le P. Laugier. *Par.* 1753. *in* 12.

586 Cabinet d'Architecture, par le Comte. *Paris,* 1699. *in* 12.

587 Architecture militaire, par Fritach. *Leide,* 1635. *in fol.*

588 Fortifications d'Ant. de Ville. *Lyon,* 1628. *in fol.*

589 Les Fortifications du Comte de Pagan. *Paris,* 1645. *in fol.*

590 Traité des Fortifications, par M. de Vauban. 2 *vol. in fol. Mss.*

591 Introduction à la Fortification, par de Fer. *in* 4.

592 N. Méthode de fortifier les grandes Villes, par de la Jonchere. *Par.* 1718. *in* 12. *m. r.*

593 Pieces Mss. sur les Fortifications, &c. *in* 4.

594 Principes de Géométrie militaire, par de Beauplan. *Rouen,* 1662. *in* 12.

595 Polyæni Stratagemata, ex verf. Justi Vulteii. *Bafil.* 1549. *in* 8.

596 Fl. Vegetii & Frontini de re militari Opera. *Lugd. Bat.* 1633. *in* 12.

597 S. Julius Frontinus, cum notis Var. edente Rob. Keuchenio. *Amst.* 1641. *in* 8.

598 Leonis Imp. Tactica, five de re militari, edente Jo. Meursio. *Lugd. Bat.* 1612. *in* 4.

599 Le Maréchal de Bataille, par de Loftelneau. *Par.* 1647. *in fol.*

600 Les Travaux de Mars, par Allain-Maneſſon Mallet. *Par.* 1685. 3 *v. in* 8.

601 Principes de l'Art Militaire, par J. de Billon. *Lyon*, 1637. *in* 8.

602 Mémoires de Montecuculi, trad. par Adam. *Par.* 1722. *in* 12.

603 Le Nouvel Art de la Guerre, par de Gaya. *Paris*, 1692. *in* 12.

604 Traité des armes & des machines de Guerre, par de Gaya. *Par.* 1678. *in* 12.

605 l'Ecole de Mars, par de Guignard. *Par.* 1725. 2 *vol. in* 4.

606 Art de la Guerre, par M. de Puyſegur. *Paris*, 1748. *in fol.*

607 Mémoires ſur la Guerre, par M. de Feuquieres. *Par.* 1735. 3 *vol. in* 12.

608 Les mêmes. *Par.* 1736. 4 *vol. in* 12.

609 Mémoires ſur la Guerre. *Amſt.* 1731. *in* 12.

610 Nouv. Découvertes ſur la Guerre, par de Folard. *Par.* 1726. *in* 12.

611 Réflexions militair. & polit. par Santa Cruz, trad. *Par.* 1735. 2 *vol. in* 12.

612 Traité des Lég. par M. de Saxe. *Par.* 1753. *in* 12.

613 Le Parfait Capitaine, par le Duc de Rohan. *Par.* 1658. *in* 12.

614 N. Syſtême ſur la Maniere de défendre les Places, par le moïen des contre-mines. *Paris*, 1731. *in* 12.

615 Mémoires ſur le Service journalier de l'Infanterie, par de Bombelles. *Par.* 1719. 2 *v.* 12.

616 Traité de Cavalerie. *Mſ. in* 4.

617 Code militaire, par de Briquet. *Par.* 1728. 3 *vol. in* 12.

618 La Méchanique du Feu, par Gauger. *Amſt.* 1714. *in* 12.

619 Eſſai ſur les Feux d'artifice, par Perri-

net d'Orval. *Paris*, 1745. *in* 8.

620 Traité de l'Art métallique, extrait des Œuvres de Barba. *Par.* 1730. *in* 12.

621 De l'Art de la Verrerie, par Haudicquer de Blancourt. *Par.* 1697. *in* 12.

622 Traité des Monnoies, par Jean Boizard. *Par.* 1692. *in* 12.

623 Le Parfait Maréchal, par de Solleysel. *Paris*, 1718. *in* 4.

624 La Connoissance des Chevaux. *Paris*, 1730. *in* 8.

625 La Vénerie Roïale, par Robert de Salnove. *Paris*, 1665. *in* 4.

BELLES-LETTRES.

GRAMMAIRES, RHETHORIQUE, &c.

626 Traité des Etudes, par Rollin. *Par.* 1728. 4 *vol. in* 12.

627 Le même. *Par.* 1736. 4 *vol. in* 12.

628 Thrésor de l'histoire des Langues, par Cl. Duret. *Genéve*, 1613. *in* 4.

629 Projet pour perfectionner l'Orthographe des Langues d'Europe, par l'Abbé de S. Pierre. *Par.* 1730. *in* 8.

630 Recherches sur la diversité des Langues & Religions, par Brerewood, trad. *Paris*, 1662. *in* 8.

631 Grammaire génér. & raisonnée, par Ant. Arnauld. *Par.* 1664. *in* 12.

632 Méthode de la langue grecque, par Lancelot. *Par.* 1656. *in* 8.

633 Jardin des Racines grecques, par Lancelot. *Par.* 1701. *in* 12.

634 Corn. Schrevelii Lexicon græco-latinum. *Amst.* 1685. *in* 8.

635 Méthode de la langue latine, par Lancelot. *Par.* 1662. *in* 8.

636 La même *Par.* 1696. *in* 8.

637 La même. *Par.* 1709. *in* 8.

638 Rob. Stephani Thesaurus linguæ latinæ. *Lond.* 1734. 4 *vol. in fol.*

639 Amb. Calepini Dictionarium. *Lugd. Bat.* 2 *tom.* 1 *vol. in* 4.

640 Jos. Laurentii Polymathia. *Lugd.* 1666. *in fol.*

641 J. Boudot Dictionnarium. *in* 8.

642 Car. du Fresne, Dom. du Cange Glossarium ad Scriptores mediæ latinitatis. *Par.* 1733. 6 *vol. in fol.*

643 Remarques sur la langue françoise, par Vaugelas. *Par.* 1647. *in* 4.

644 Trésor de Recherches, & Antiquités gauloises & françoises, par Pierre Borel. *Par.* 1655. *in* 4.

645 Dictionnaire Etymologique, par Menage. *Par.* 1694. *in fol.*

646 Dictionnaire universel, par Ant. Furetiere, augmenté par Basnage. *La Haye,* 1701. 3 *vol. in fol.*

647 Le même avec des augmentations. *Trévoux.* 1732. 5 *vol. in fol.*

648 Dictionnaire néologique, par Desfontaines. *Amst.* 1528. *in* 12.

649 Guidon de la langue italienne, par Duez. *Amst.* 1670. *in* 8.

650 Grammaire italienne, par Antonini. *Paris,* 1746. *in* 12.

651 Grammaire angloise, par Mauger. *Rouen,* 1722. *in* 12.

E iij

652 Grammaire angl. & fran. par Miege. *Rotterd.* 1728. *in* 12.

653 Guide de la langue angloise, par Th. Dyche. *Lond.* 1741. *in* 12.

654 Dictionnaire angl. & fr. par Miege. *La Haye,* 1703. 2 *vol. in* 8.

655 Dictionnaire anglois & françois de Boyer. *La Haye,* 1702. 2 *vol. in* 4.

656 Quintilien de l'Institution de l'Orateur, trad. par Gedoyn. *Par.* 1718. *in* 4.

657 Rhetorices in XIV Tabulas ære incisas distributa, studio L. Richer. *Paris,* 1671. *in fol. m. r.*

658 Essai des merveilles de nature, par René François. *Par.* 1657. *in* 8.

659 Philippiques de Demosthene, trad. avec des rem. par Tourreil. *Par.* 1701. *in* 4.

660 Philippiques de Demosthene : Catilinaires de Ciceron, trad. par d'Olivet. *Par.* 1736. *in* 12.

661 Ciceronis Opera. *Lugd. Bat. Elz.* 1642. 11 *vol. in* 12. *m. bl.*

662 Eadem. *Amst.* 1661. 2. *vol. in* 4.

663 Lettres de Ciceron à Atticus, trad. par S. Real. *Par.* 1702. 2 *vol. in* 12.

664 Les mêmes, trad. par Mongault. *Par.* 1738. 6. *vol. in* 12.

665 Lettres familieres de Ciceron, trad. par M. Prévôt. *Par.* 1745. 3 *vol. in* 12.

666 Entretiens de Ciceron sur la nature des Dieux, , trad. par d'Olivet. *Par.* 1732. 2. *vol. in* 12.

667 Tusculanes de Ciceron, trad. par MM. Bouhier & d'Olivet. *Par.* 1737. 3 *vol. in* 12.

668 Offices de Ciceron, trad. par Dubois. *Par.* 1692. *in* 8.

669 Penſées de Ciceron, trad. par d'Olivet. *Par.*
1744. *in* 12.

670 Œuvres de Sacy, (trad. de Pline, Traité de
l'Amitié.) *Par.* 1622. *in* 4.

671 Panégyrique de Trajan, par Pline, trad. par
Eſprit. *Par.* 1677. *in* 12.

672 Oraiſons funébres, par Jacq. Benigne Boſſuet.
Par. 1731. *in* 12.

673 Oraiſons funébres, par Eſprit Flechier. *Par.*
1716. *in* 12.

674 Œuvres poſthumes de Flechier. *Par.* 1712.
1716. 2 *vol. in* 12.

675 Oraiſons funébres, par Jules Maſcaron. *Par.*
1704. *in* 12.

676 Recueil des Harangues de l'Académie fran-
çoiſe. *Par.* 1714. 3 *vol. in* 12.

P O E T I Q U E.

677 Henr. Smetii Proſodia. *Rothom.* 1655. *in* 8.

678 Iliade d'Homere, trad. en vers par Hugues
Salel. *Rouen*, 1605. 2 *vol. in* 12.

679 Iliade & Odyſſée d'Homere, trad. par Mad. Da-
cier. *Par.* 1711. 6 *vol. in* 12.

680 Les mêmes. *Par.* 1719. 6 *vol. in* 12.

681 Les mêmes, trad. en anglois par Pope. *Lond.*
1732. 11 *vol. in* 12.

682 Heſiodi Opera gr. lat. *Baſil.* 1544. *in* 8.

683 Anacreontis Odæ gr. lat. ex verſ. Henr. Ste-
phani. *Lut. Idem.* 1554. *in* 8.

684 Œuvres d'Anacréon & de Sapho, trad. par de
Longepierre. *Amſt.* 1692. *in* 12.

685 Les mêmes trad. par Mad. Dacier. *Lyon*, 1696.
in 12.

686 Les mêmes, trad. par de la Foſſe. *Par.* 1704.
in 12.

687 L'Œdipe & l'Electre de Sophocle, trad. par Mad. Dacier. *Par.* 1692. *in* 12.

688 Le Plutus & les Nuées d'Aristophane, trad. par Mad. Dacier. *Par.* 1684. *in* 12.

689 Callimachi Opera gr. lat. *Henr. Stephanus,* 1577. *in* 4.

690 Théatre des Grecs, par le P. Brumoy. *Par.* 1730. 3. *vol. in* 4.

691 M. Accii Plauti Comœdiæ. *Lugd.* 1589. *in* 24.

692 Eædem. *Amst.* 1652. *in* 16. *m. r.*

693 Eædem cum notis variorum, ex recenf. Jo. Fred. Gronovii. *Lugd. Bat.* 1669. 2 *vol. in* 8.

694 Comédies (3) de Plaute, trad. par Mad. Dacier. *Par.* 1683. 3 *vol. in* 12.

695 Les mêmes. *Amst.* 1691. 3 *vol. in* 12.

696 Les mêmes, trad. par Gueudeville. *Leide,* 1719. 10 *vol. in* 12.

697 Terentii Comœdiæ. *Par.* 1529. *in fol. m. cit.*

698 Comédies de Terence trad. par Mad. Dacier. *Par.* 1688. 3 *vol. in* 12.

699 Les mêmes. *Amst.* 1724. 3 *vol. in* 12.

700 Catullus, Tibullus, Propertius. *Raphelengius,* 1603. *in* 16. *m. v.*

701 Iidem. *Amst.* 1626. *in* 24.

702 Iidem. *Par.* 1743. *in* 12. *m. r.*

703 Amours de Catulle & de Tibulle, par M. de la Chapelle. *Par.* 1725, 1732. 5 *vol. in* 12.

704 La Vie & les Amours de Tibulle, par Gillet de Moyvre. *Par.* 1743. *in* 12.

705 Lucretius. *Lugd.* 1548. *in* 12.

706 Idem. *Amst.* 1631. *in* 24.

707 Idem. *Par.* 1747. *in* 12. *m. r.*

708 Lucrece, trad. avec des remarq. par des Coutures. *Par.* 1708. 2 *vol. in* 12.

709 P. Virgilii Opera cum notis recentiorum. *Amst.* 1646. *in* 4.

710 Eadem. *Amst.* 1714. *in* 12.

711 Eadem. *Par.* 1745. 3 *vol. in* 12. *m. r.*

712 Œuvres de Virgile, trad. par le P. Catrou. *Par.* 1716. 6 *vol. in* 12.

713 L'Enéide de Virgile, trad. en vers par Perrin. *Par.* 1664. 2 *vol. in* 12.

714 Horatius. *Sedani*, 1627. *in* 24. *m. r.*

715 Idem. *Amst.* 1653. *in* 24.

716 Idem cum notis Joan. Bond. *Lugd. Bat.* 1653. *in* 8.

717 Idem. *Amst. Elzev.* 1675. *in* 12. *m. r.*

718 Idem. *Par.* 1746. *in* 12. *m. r.*

719 Œuvres d'Horace lat. & franc. trad. par Dacier. *Amst.* 1727. 10 *vol. in* 12.

720 Les mêmes, trad. par le P. Tarteron. *Par.* 1713. 2 *vol. in* 12.

721 Amours d'Horace par de Solignac. *Amst.* 1728. *in* 12.

722 Métamorphoses d'Ovide, trad. par N. Renouard, avec fig. *Par.* 1622. *in fol.*

723 Traduction des Epîtres d'Ovide en vers françois. *Rouen*, 1676. *in* 12.

724 Nouv. Traduction des Epîtres d'Ovide en vers françois. 1736. *in* 12.

725 Phædrus. *Par.* 1748. *in* 12. *m. r.*

726 Fables de Phedre, trad. par Denise. *Par.* 1708. *in* 12.

727 Le Festin nuptial dressé dans l'Arabie heureuse au mariage d'Esope, de Phedre & de Pilpay, par de Palaidor. *à Pirou.* 1700. *in* 12.

728 L. An. Senecæ Tragœdiæ. *Amst.* 1624. *in* 24.

729 Eædem cum notis variorum, ex recens. J. Fr. Gronovii. *Amst.* 1662. *in* 8.

730 Trad. de la Troade de Seneque en vers françois. *Par.* 1674. *in* 12.

731 M. Annæus Lucanus, de Bello civili cum notis

var. accur. Corn. Schrevelio. *Amst.* 1658. *in* 8.

732 Idem cum notis var. *Lugd.* 1670. *in* 12.

733 Pharsale de Lucain, trad. par Brebeuf. *Rouen*, 1663. *in* 12.

734 D. Junii Juvenalis & A. Persii Satyræ cum notis var. *Lugd. Bat.* 1648. *in* 8.

735 Eadem. *Par.* 1747. *in* 12. *m. r.*

736 M. Val. Martialis Epigrammata cum notis variorum. *Lugd. Bat.* 1661. *in* 8.

737 Eadem. *Amst.* 1664. *in* 16. *m. r.*

738 Ausonius. *Amst.* 1629. *in* 16. *m. r.*

739 Idem, ex recens. Jac. Tollii. *Amst.* 1671. *in* 8.

740 Claudianus. *Amst.* 1650. *in* 16. *m. r.*

741 Idem cum var. notis, ex recens. Nic. Heinsii. *Amst.* 1665. *in* 8.

742 Prudentius, *Amst.* 1631. *in* 24.

743 Pervigilium Veneris cum notis variorum. *Hag. com.* 1712. *in* 8.

744 Les Œuvres de Plaute, Terence, Virgile, Ovide, Horace, Seneque, Lucrece, Properce, Juvenal, Perse, Catulle, Tibulle, Martial, Stace, Lucain, lat. & fr. trad. par Marolles. *Paris*, 1658 & *suiv.* 31 *vol. in* 8.

745 M. Ant. Mureti Juvenilia. *Par.* 1553. *in* 8.

746 Jo. Bonefonii Pancharis. 1610. *in* 12.

747 Joan. Commirii Carmina. *Par.* 1689. *in* 12. *m. r.*

748 Œuvres de Santeuil, trad. par de la Martelliere. *Par.* 1698. *in* 12.

749 Histoire du différend de Santeuil avec les Jésuites. *in* 12.

750 Car. de la Rue Idyllia. *Par.* 1672. *in* 12.

751 Melchioris Card. de Polignac Anti-Lucretius. *Par.* 1647. 2 *vol. in* 8.

752 Carmina varia. *in* 12.

753 Hiſtoire de la Poéſie Françoiſe, par Maſſieu. *Par.* 1739. *in* 12.

754 Regles de la Poéſie Françoiſe, par de Chalons. *Par.* 1716. *in* 12.

755 Poétique Françoiſe à l'uſage des Dames. *Par.* 1749. 2 *vol. in* 12.

756 Dictionnaire de Rimes, par Richelet. *Par.* 1702. *in* 12.

757 Le même. *Par.* 1721. *in* 8.

758 Traité du Poëme épique, par le P. le Boſſu. *Par.* 1708. *in* 12.

759 Réflexions crit. ſur la Poéſie & ſur la Peinture, par J. B. Dubos. *Par.* 1733. 3 *vol. in* 12.

760 La Bibliotheque des Poètes lat. & fr. *Par.* 1731. *in* 12.

761 Roman de la Roſe, par Guill. de Lorris & Jean de Meun , avec des notes par Lenglet. *Par.* 1735. 3 *vol. in* 12.

762 Les Lunettes des Princes, par Jehan Meſchi-not. *Par.* 1499. *in* 4.

763 Les Poéſies de Martial de Paris, Coquillart, Faifeu , Villon, Marot & Cretin. *Par.* 1724. 7 *vol. in* 12.

764 Œuvres de Clement Marot. *Par.* 1553. 2 *vol. in* 12.

765 Les mêmes. *La Haye*, 1702. 2 *vol. in* 12.

766 Œuvres poétiques de Mellin de S. Gelais. *Par.* 1656. *in* 12.

767 Centuries de Noſtradamus. *Amſt.* 1667. *in* 12.

768 Œuvres de Joachim du Bellay. *Rouen*, 1592. 2 *vol. in* 12.

769 Œuvres poétiques d'Etienne Jodelle. *Par.* 1583. *in* 12.

770 Œuvres poétiques de Belleau. *Par.* 1585. 2 *vol. in* 12.

771 Rimes de Jan. Ant. de Baif. *Par.* 1573. 2 *vol. in* 8.

772 Œuvres de Phil. des Portes. *Rouen*, 1600. *in* 12.

773 Œuvres poétiques de Bertaut. *Par.* 1620. *in* 8.

774 Œuvres de Regnier. *Par.* 1730. *in* 8.

775 Les mêmes avec des remarques. *Par.* 1730, *in* 8.

776 Poèsies de la Bergerie. *Par.* 1594. *in* 12.

777 La Jeunesse d'Est. Pasquier. *Par.* 1610. *in* 8.

778 Jeux poétiques du même. *Par.* 1610. *in* 8.

779 La Sireine de M. d'Urfé. *Par.* 1618. *in* 8.

780 Marguerites de la Marguerite. *Lyon*, 1547. *in* 8.

781 Les Muses françoises, par Despinelle. *Lyon*, 1609. 2 *vol. in* 12.

782 Œuvres de Théophile (Viaud.) *Par.* 1662. *in* 12.

783 Œuvres poétiques du sieur du Pin Pager. *Par.* 1629. *in* 8.

784 Œuvres de Malherbe. *Par.* 1642. *in* 16.

785 Vers héroïques de Tristan l'Hermite. *Par.* 1648. *in* 4.

786 Poésies du même. *Par.* 1662. *in* 4.

787 Les mêmes. *Par.* 1662. *in* 12.

788 Œuvres de S. Amant. *Par.* 1642. *in* 4.

789 Moyse sauvé par S. Amant. *Par.* 1653. *in* 4.

790 Œuvres de Racan. *Par.* 1724. 2 *vol. in* 12.

791 Œuvres poétiques de Boisrobert Metel. *Par.* 1659. *in* 8.

792 Poésies de Scudery. *Par.* 1649. *in* 4.

793 Chevilles d'Adam (Billaut.) *Par.* 1644. *in* 4.

794 Villebrequin du même. *Par.* 1663. *in* 12.

795 Clovis, Poème, par J. Desmarets. *Par.* 1673. *in* 8.

796 Poésies de Brebeuf. *Par.* 1662. *in* 12.

797 Poésies d'Ant. Godeau. *Par.* 1667. 3 *vol. in* 12.

798 Œuvres chrét. d'Arnauld d'Andilly. *Par.* 1645. *in* 12.

799 Poéfies de la Mefnardiere. *Par.* 1656. *in fol.*

800 Amours & Poëfies de Pinchefne. *Par.* 1674. *in* 4.

801 La Pucelle, Poème, par Chapelain. *Par.* 1656. *in fol.*

802 La même. *Par.* 1656. *in* 12.

803 Œuvres du Préf. Nicole. *Par.* 1663. *in* 12.

804 Les mêmes. *Par.* 1705. 2 *vol. in* 12.

805 Poéfies chrétiennes par l'Abbé Gouffault. *MS. in* 4.

806 Œuvres de la Fontaine. *Par.* 1729. 3 *vol. in* 8.

807 Œuvres pofthumes du même. *Par.* 1696. *in* 12.

808 Fables de la Fontaine avec fig. *La Haye,* 1700. 5 *tom.* 2 *vol. in* 8.

809 Œuvres de Boileau. *Par.* 1694. 2 *vol. in* 12.

810 Les mêmes. *Amft.* 1707. 2 *vol. in* 12.

811 Œuvres de Boileau & de Sanlecque. *Geneve,* 1732. *in* 12.

812 Œuvres de Boileau. *Par.* 1740. 2 *vol. in* 4. *fig.*

813 Remarq. fur les Ouvrages de Boileau. 1685. *in* 12.

814 Œuvres de Pavillon. *Par.* 1720. *in* 12.

815 Poéfies de Mad. Deshoulieres. *Par.* 1725. 2 *vol. in* 8.

816 Œuvres de Benfferade. *Par.* 1697. 2 *vol. in* 12.

817 Poëfies de Chaulieu & de la Fare. *La Haye,* 1731. *in* 12.

818 Les mêmes. *Par.* 1733. *in* 8.

819 Poéfies de Sanlecque. *Lyon.* 1726. *in* 12.

820 Poéfies de divers Auteurs. *Par.* 1661. *in* 12.

821 Poéfies chrét. de Courtin. *Par.* 1687. *in* 12. *m. r.*

822 Vérités fur les mœurs, en vers. *Par.* 1694. *in* 12.

823 Maximes politiques mifes en vers par Efprit. *Par.* 1669. *in* 12.

824 Billets en vers de S. Uffans. *Par.* 1688. *in* 12.

825 Réflexions crit. mor. & hiftoriques. 1691. *in* 12.

826 La Mufe moufquetaire du Chev. de S. Gilles. *Par.* 1709. *in* 12.

827 Poéfies de Baraton. *Par.* 1705. *in* 12.

828 Œuvres diverfes du fieur D * * *. *Amft.* 1713. *in* 12.

829 Difcours fatyriques en vers, par Gacon. *Lyon,* 1696. *in* 12.

830 Les mêmes. *Par.* 1698. *in* 12.

831 L'Eleve de Terpficore. *Rouen,* 1718. *in* 12.

832 Odes de M. de la Motte. *Par.* 1711. *in* 8.

833 Poéfies de l'Abbé de Villiers. *Par.* 1712. *in* 12.

834 Poëfies de la Monnoye. *La Haye,* 1716. *in* 8.

835 Noels Bourguignons. *in* 12.

836 Œuvres de Vergier. *Rouen,* 1731. 4 *vol. in* 12.

837 Œuvres de Rouffeau. *Rotterd.* 1712. 3 *vol. in* 12.

838 Les mêmes. *Chartres,* 1731. 3 *vol. in* 12.

839 Les mêmes. *Par.* 1743. 4 *vol. in* 12.

840 Œuvres de Grecourt. *Par.* 1745. 2 *tom.* 1 *vol. in* 12.

841 Œuvres de Greffet. *Orléans,* 1748. 2 *vol. in* 12.

842 Œuv. de Voltaire. *Rouen,* 1742. 5 *vol. in* 12.

843 La Religion, Poème par Racine. *Par.* 1742. *in* 8.

844 L'Art d'aimer, en vers. *Par.* 1742. *in* 8.

845 Poéfies diverfes, par M. L. D. B. *Par.* 1744. *in* 8.

846 Harangues de Sarcelles. 1731. *in* 12.

847 Mémoires de la Calotte. *Par.* 1735. *in* 12.

848 Journée Calotine. *Par.* 1732. *in* 8.

849 Conseil de Momus, Poème — Momus Fa-
bulifte, par Fuzelier — le Je ne fçai quoi, par
de Boiffy. *in* 8.

850 Chanfons de Coulanges. *Par.* 1694. *in* 12.

851 Recueil de Chanfons, avec les airs notés. *La
Haie*, 1731. 7 *vol in* 12.

852 Recueil de Chanfons mff. avec la mufique.
in 4.

853 Chanfons notées des Maçons libres *in* 12.

854 Recueil des Poètes François, par Barbin. *Par.*
1692. 5 *vol. in* 12.

855 Le même. *Amft.* 1692. 5 *vol. in* 12.

856 Recueil de pieces choifies par M. de la Mon-
noie. *La Haie*, 1714. 2 *vol. in* 12.

857 Recueil de pieces en profe & en vers. *La Haie*,
1694. 5 *vol. in* 12.

858 Recueil de Pieces de vers mff., rangées par
ordre alphabétique. 3 *vol. in* 4.

859 Recueil des Epigrammatiftes françois, par
la Martiniere. *Amft.* 1720. 2 *vol. in* 12.

860 Recueil de Poètes Gafcons. *Amft.* 1700. *in* 12.
tom. I.

861 Dante. *Lione*, 1575. *in* 12. *m. r.*

862 Il Petrarca. *Lione*, 1558. *in* 12. *m. r.*

863 Hiftoire de Roland l'amoureux, par Boyard,
trad. par Jacq. Vincent du Chreft Arnaud. *Par.*
1574. 2 *vol. in* 8. *m. v.*

864 Le même. *Par.* 1720. 2 *vol. in* 12.

865 Orlando furiofo di Lod. Ariofto. *Lyone*,
1570. *in* 12. *m. r.*

866 Roland le Furieux, imitation de l'Ariofte.
Par. 1720. 2 *vol. in* 12.

867 Jérufalem délivrée, Poème du Taffe, trad.
par M. Mirabaud. *Par.* 1735. 2 *vol. in* 12.

868 Rime di Zappi e di Maratti. *In Venezia.* 1731.
in 12.

869 La Lusiade du Camoens, Poeme trad. par du Perron de Castera. *Par.* 1735. 3 *vol. in* 12.

870 Le Paradis perdu, Poeme de Milton, (en Angl.) *Lond.* 1678. *in* 8.

871 Le même. *London*, 1711. *in* 12. *m. r.*

872 Le même. *Lond.* 1725. *in* 12.

873 Paradis reconquis, Poeme de Milton, (en Angl.). *Lond.* 1730. *in* 12.

874 Paradis perdu de Milton, trad. par M. Dupré de S. Maur. *Par.* 1729. 3 *vol. in* 12.

875 Paradis reconquis, trad. par le P. de Mareuil, &c., *Par.* 1736. *in* 12.

876 Hudibras, Poème de Samuel Butler. *Lond.* 1720. *in* 12.

877 Poèmes sur différens sujets, recueillis par N. Tate, (en Anglois). *Lond.* 1685. *in* 8.

878 Mélange ou Recueil d'Œuvres diverses en prose & en vers, (en Angl.), par MM. Pope & Swift. *Lond.* 1736. 6 *vol. in* 12.

879 Mélanges de Littérature & de Philosophie, par Pope, trad. *Lond.* 1742. *in* 12.

880 La Boucle de cheveux enlevée, Poème de Pope, trad. par Desfontaines. *Par.* 1728. *in* 12.

881 Essai sur l'homme, par Pope, trad. par M. de Silhouette. 1736. ━ Ouvrages divers de Gresset. *in* 12.

882 Pratique du Théâtre, par d'Aubignac. *Amst.* 1715. 2 *vol. in* 8.

883 La même. *Amst.* 1715. 2 *vol in* 12.

884 De la réformation du Théâtre, par Riccoboni. *Par.* 1743. *in* 12.

885 Recherches sur les Théâtres de France, par M. de Beauchamps. *Par.* 1735. 3 *vol. in* 8.

886 Bibliotheque des Théâtres, par Maupoint. *Par.* 1733. *in* 8.

887 Histoire du Théâtre françois, par MM. Parfait.

fait. *Par.* 1734 *& suiv.* 14 *vol. in* 12.

888 Difcours fur la Comédie. *Par.* 1694. *in* 12. *m. r.*

889 Tragédies de Rob. Garnier. *Par. in* 12.

890 Pandofte, Trag. en profe. *in* 8.

891 Tragédies d'Ant. de Montchreftien. *Rouen,* 1627. *in* 8.

892 Tragédies & Hiftoires faintes de Jean Boiffin de Galardon. *Lyon,* 1618. *in* 12.

893 Théâtre de P. Corneille. *Par.* 1692. 4 *vol. in* 12.

894 Théâtres de P. & Th. Corneille. *Par.* 1723. 10 *vol. in* 12.

895 Œuvres diverfes de P. Corneille. *Par.* 1738. *in* 12.

896 Théâtre de Quinault. *Par.* 1715. 5 *vol. in* 12.

897 Œuvres de Moliere. *Par.* 1697. 8 *vol. in* 12.

898 Les mêmes. *Par.* 1730. 8 *vol. in* 12.

899 Les mêmes Franc. & Angl. *Lond.* 1732. 8 *vol. in* 12.

900 Vie de Moliere, par Grimareft. *Par.* 1705. *in* 12.

901 Autre, par Voltaire. *Par.* 1739. *in* 12.

902 Obfervations fur la Comédie & le génie de Moliere, par Louis Riccoboni. *Par.* 1736. *in* 12.

903 Œuvres de Poiffon. *Par.* 1679. *in* 12.

904 Théâtre de Bourfault. *Par.* 1725. 3 *vol. in* 12.

905 Œuvr. de Montfleuri. *Par.* 1705. 2 *vol. in* 12.

906 Les mêmes. *Par.* 1739. 3 *vol. in* 12.

907 Œuvres de Racine. *Par.* 1736. 2 *vol. in* 12.

908 Les mêmes. *Par.* 1741. 2 *vol. in* 12.

909 Mémoires fur la Vie de Racine. *Par.* 1747. 2 *vol. in* 12.

910 Théâtre de Hauteroche. *Par.* 1736. 3 *v. in* 12.

911 Œuvres de Phil. Poiffon. *Par.* 1743. 2 *vol. in* 12.

G

912 Théâtre de le Grand. *Par.* 1731. 4 *vol. in* 12.

913 Le même. *Par.* 1742. 4 *vol. in* 12.

914 Œuvres de Champmêlé. *Par.* 1735. 2 *vol. in* 12.

915 Théâtre de la Thuillerie. *Par.* 1745. *in* 12.

916 Œuvres de Dancourt. *Rouen*, 1729. 9 *vol. in* 12.

917 Les mêmes. *Par.* 1742. 8 *vol. in* 12.

918 Œuvres de Capiſtron. *Lyon*, 1698. *in* 12.

919 Les mêmes, *Rouen*, 1731. 2 *vol. in* 12.

920 Théâtre de Baron. *Par.* 1736. 2 *vol. in* 12.

921 Théâtre de Brueys. *Par.* 1735. 3 *vol. in* 8.

922 Gabinie, Trag. par Brueys. *Par.* 1699. *in* 12.

923 Œuvres de Palaprat. *Par.* 1735. *in* 12.

924 Œuvres de Regnard. *Rouen*, 1731. 5 *vol. in* 12.

925 Œuvres de la Foſſe. *Par.* 1719. *in* 12.

926 Œuvres de la Grange Chancel. *Par.* 1742. 3 *vol. in* 12.

927 Abſalon, Trag. par Duché. *Par.* 1712. *in* 12.

928 Théâtre de Destouches. *Par.* 1716. 2 *vol. in* 12.

929 Le même. *Par.* 1736. 5 *vol. in* 12.

930 Œuvres de Théâtre de la Motte. *Par.* 1730. 2 *vol. in* 8.

931 Œuvres mêlées de Nadal. *Par.* 1738. 3 *vol. in* 12.

932 Œuvres de du Freny. *Par.* 1731. 6 *vol. in* 12.

933 Tragédies de Mlle. Barbier. *Par.* 1707. *in* 12.

934 Théâtre de Boindin. *Par.* 1746. *in* 12.

935 Théâtre de Crébillon. *Par.* 1719. *in* 12.

936 Le même. *Par.* 1737. 2 *vol. in* 12.

937 Théâtre de Marivaux. *Par.* 1740. 4 *vol. in* 12.

938 Théâtre de Nivelle de la Chauſſée. *Par.* 1741. 3 *vol. in* 12.

939 Théâtre de Piron. *Par.* 1738. *in* 8.

940 Théâtre de Fagan. *Paris*, 1733. *in* 8.

941 François II, Tragédie, par M. le Pref. He-
nault. *Par.* 1747. *in* 8.

942 La Mérope françoise, par Voltaire. *Paris,*
1744. — Lettre à M. Norberg fur l'Hiſt. de
Charles XII. = Mémoires de l'Académie de
Troyes. *in* 8.

943 Théâtre de Boiſſi. *Par.* 1735. 7 *vol. in* 8.

944 Théâtre de Peſſelier. *Par.* 1737. *in* 8.

945 Théâtre de Favart. *Par.* 1746. 2 *vol. in* 8.

946 Théâtre de Launay. *Par.* 1741. *in* 12.

947 Théâtre de la Font. *Par.* 1746. *in* 12.

948 Cenie par Mde. de Grafigny. *Par.* 1751. *in* 12.

949 Théâtre françois. *Par.* 1737. 12 *vol. in* 12.

950 Nouv. Théâtre françois. *Par.* 1739. 7 *v. in* 8.

951 Recueil de Pieces de Théâtre de différens Au-
teurs, *Par.* 1735. 3 *vol. in* 12.

952 Soixante Pieces de Théâtre dont la Princeſſe
de Navarre, Edouard, l'Epoux Magicien, Achille
dans l'Iſle de Syros, Teglis, Pirrhus, les Gaulois.
in 8, & *in* 12.

953 La Sœur généreuſe, Alcidiane, Jodelet Aſ-
trologue. *in* 4.

954 Théâtre Italien de. Gherardi. *Amſt.* 1701. 6
vol. in 12.

955 Le même. *Par.* 1717. 6 *vol. in* 12.

956 Nouv. Théâtre Italien. *Par.* 1729 9 *v. in* 12.

957 Le même. *Par.* 1733. 9 *vol. in* 12.

958 Parodies du nouveau Théâtre Italien. *Par.*
1731. 4 *vol in* 12.

959 Les mêmes. *Par.* 1738. 4 *vol. in* 12.

960 Recueil des Opera. *Par.* 1703. & *ſuiv.* 16
vol. in 12.

961 Théâtre lyrique, par le Brun. *Par.* 1712.
in 12.

962 Théâtre de la Foire. *Par.* 1721. 10 *vol. in* 12.

963 Extraits de pieces du Théâtre espagnol , par du Perron de Castera. *Par.* 1738. *in* 12.

964 Recueil de pieces de Théâtre angl. *Lond.* 1736 , 1739. 2 *vol. in* 12.

965 Théâtre anglois , trad. par M. de la Place. *Par.* 1748. 8 *vol. in* 12.

966 Critique du Théâtre angl. , par Collier , trad. par de Courbeville. *Par.* 1715. *in* 12.

967 Recueil de Tragédies angloises. *Lond.* 1741. 3 *vol. in* 12.

968 Liasse de soixante & deux Tragédies angloises. *in* 8.

969 Recueil de Comédies angloises. *Lond.* 1735. 2 *vol. in* 12.

970 Le Théâtre Danois , par Holberq , trad. par Furfman. *Copenhague ,* 1746. *in* 8.

MYTHOLOGIE, ROMANS.

971 Tableaux de Philostrate. *Par.* 1615. *in fol.*

972 Nat. Comitis Mythologia. *Genev.* 1612. *in* 8.

973 Explication histor. des Fables par Banier. *Par.* 1715. 3 *vol. in* 12.

974 De l'usage des Romans , &c. par Lenglet. *Par.* 1734. 3 *vol. in* 12.

975 Lettres sur les Romans. *Par.* 1743. *in* 12.

976 Heliodori Æthiopicorum Libri X. gr. lat. cum notis Hier. Commelini. *Lugd.* 1611. *in* 8.

977 Amours de Theagene & de Chariclée, par Heliodore, trad. *Par.* 1727. *in* 12.

978 Achilles Tatius de Clitophontis & Leucippes amoribus gr. lat. ex edit. Cl. Salmasii. *Lugd. Bat.* 1640. *in* 12. *m. v.*

979 Amours de Leucippe & de Clitophon, par Achil. Tatius, trad. *Par.* 1733. *in* 12.

980 Amours d'Ismene & d'Ismenias. *Par.* 1743.

— Le Cabalifte amoureux & trompé. 1743. *in* 12.

981 Amours de Daphnis & Chloé. *Par.* 1731. *in* 8.

982 Affections de divers Amans : les narrations d'a-
mour de Plutarque. *Par.* 1743. *in* 12.

983 La Diane de Georges de Montemayor, trad.
avec les fig. de Crifpin de Paffe. *Par.* 1631. 2 *vol.*
in 8.

984 Perfile & Sigifmonde, trad. de Cervantes par
Richebourg. *Par.* 1738. 4 *vol. in* 12.

985 La Rofalinde imitée de l'italien de Bern. Mo-
rando. *Par.* 1732. *in* 12.

986 Le Caloandre fidele, par Ambr. Marini trad.
Par. 1740. 3 *vol. in* 12.

987 Les Défefpérés, par J. Amb. Marini, trad.
Par. 1732. 2 *vol. in* 12.

988 L'Aftrée de M. d'Urfé, donnée par Souchay.
Par. 1733. 10 *vol. in* 12.

989 Zayde, par Segrais. *Par.* 1719. 2 *vol. in* 12.

990 La Princeffe de Cleves, par le même. *Amft.*
1693. *in* 12.

991 La même. *Par.* 1725. *in* 12.

992 Semelion. *Rouen*, *in* 12.

993 Recueil de Romans hiftoriques. *Par.* 1746.
8 *tom.* 4 *vol. in* 12.

994 Abregé de Caffandre, par de la Calprenede.
Par. 1752. 3 *vol. in* 12.

995 Dom Carlos par S. Real. 1672. *in* 12.

996 Ibrahim, ou l'illuftre Baffa. *Par.* 1723. 4 *vol.*
in 12.

997 Artamene ou le Grand Cyrus, par de Scudery.
Leyden, 1656. 10 *vol. in* 8.

998 Tarfis & Zelie. *La Haye*, 1720. 3 *vol. in* 8.

999 Hiftoire des Amours de Valerie & de Barba-
rigo. *Par.* 1741. *in* 12.

1000 Hiftoire fecrete des Femmes galantes de l'An-
tiquité. *Rouen*, 1726. 6 *vol. in* 12.

1001 Hiftoire des Favorites, par de la Rocheguilhen. *Par.* 1700. *in* 12.

1002 Les Femmes militaires, par S. Jorry. *Par.* 1735. *in* 12.

1003 Anecdotes grecques, ou Avantures fecretes d'Aridée. *Par.* 1731. *in* 12.

1004 Anecdotes de Samos & de Lacédemone. *Par.* 1744. *in* 12.

1005 Veillées de Theffalie. *Par.* 1731. *in* 12.

1006 Anecdotes gal. & trag. de la Cour de Neron. *Par.* 1735. *in* 12.

1007 Les Illuftres Françoifes. *Par.* 1727. 3 *vol. in* 12.

1008 Hiftoire fecrete de Cath. de Bourbon, Duchelle de Bar. *Par.* 1703. *in* 12.

1009 Anecdotes de la Cour de Childeric. *Par.* 1736. *in* 12.

1010 Anecdotes de la Cour de Philippe Augufte, par Mademoifelle de Luffan. *Par.* 1733. 6 *vol. in* 12.

1011 Anecdotes de la Cour de Philippe Augufte, par Mademoifelle de Luffan. *Par.* 1738. 6 *vol. in* 12.

1012 Anecdotes des regnes de Charles VIII, & de Louis XII. *Par.* 1741. *in* 12.

1013 Anecdotes de la Cour de François I. par Mademoifelle de Luffan. *Par.* 1748. 3 *vol. in* 12.

1014 Annales gal. de la Cour de Henri II, par la même. *Par.* 1749. 2 *vol. in* 12.

1015 Gafton de Foix, par M. de Vignacourt. *Par.* 1741. 2 *vol. in* 12.

1016 La Comteffe de Mortane. *Par.* 1699. 2 *vol. in* 12.

1017 Adelaïde de Champagne. *Par.* 1746. *in* 12.

1018 Amours de Mad. d'Elbeuf. *Par.* 1739. *in* 8.

1019 Mémoires du Marq. d'Almacheu. *Par.* 1678. 3 *vol. in* 12.

1020 Le Chevalier des Essars, & la Comtesse de Bercy. *Par.* 1735. 2 *vol. in* 12.

1021 Avantures de Henriette Silvie de Moliere. *Amst.* 1700. *in* 12.

1022 Mémoires de la vie de Mlle. Delfosses ou le le Chev. Baltazard. *Par.* 1695. *in* 12.

1023 Les mêmes. *Par.* 1703. *in* 12.

1024 Le Siége de Calais par M. de Pontlevel. *Par.* 1739. *in* 12.

1025 La Veuve en puissance de mari. *Paris*, 1732. *in* 12.

1026 Mémoires de Mlle. Bontemps, par Gueullette. *Par.* 1749. *in* 12.

1027 Avantures de Kermalec. *Par.* 1740. 2 *vol. in* 12.

1028 Histoire d'Amenophis & de la Comtesse de Vergi. *La Haye*, 1725. *in* 12.

1029 Histoire du Marquis de Clemes, par Mlle. l'Héritier. *Amst.* 1719. *in* 12.

1030 Mémoires du Comte de Claize, par de Catalde. *Rouen*, 1738. *in* 12.

1031 L'Ambigu d'Auteuil. *Par.* 1709. *in* 12.

1032 Soirées du bois de Boulogne. *Par.* 1742. 2 *vol. in* 12.

1033 Voyage de Fontainebleau. *Par.* 1678. *in* 12.

1034 Mémoires de la Comtesse d'Horneville, par Simon. *Par.* 1739. 2. *vol. in* 12.

1035 Mémoires & Avantures d'un homme de qualité, par M. Prévost. *Par.* 1728. 7 *tom.* 5 *vol. in* 12.

1036 Histoire de Cleveland, par le même. *Par.* 1731. 8 *vol. in* 12.

1037 Le Doyen de Killerine, par le même. *Par.* 1735. 6 *vol. in.* 12.

1038 Histoire de Marguerite d'Anjou, par le même. *Paris* 1740. 2 *vol. in* 12.

1039 Hiſtoire d'une Grecque moderne, par le même. *Par.* 1740 2 *tom.* 1 *vol. in* 12.

1040 Campagnes plilofophiques, par le même. *Par.* 1741. 2 *vol. in* 12.

1041 Hiſtoire de la jeuneſſe du Commandeur de *** par le même. *Par.* 1741. 2 *tom.* 1 *vol. in* 12.

1042 Paris ou le Mentor à la mode, par de Mouhy. *Par.* 1735. *in* 12.

1043 Mémoires poſthumes du Comte de D... B... par de Mouhy. *Par.* 1735. 2 *vol. in* 12.

1044 La Païſanne parvenue, par de Mouhy. *Par.* 1735. 3 *vol. in* 12.

1045 La même. *Par.* 1736. 4. *vol. in* 12.

1046 Avantures de Bigand, par de Mouhy. *Paris*, 1738. 2 *vol. in* 12.

1047 Mémoire d'Anne-Marie de Moras, par de Mouhy. *Par.* 1739. 2 *vol. in* 12.

1048 Mémoires du Marq. d'Argens. *Rouen*, 1735. *in* 12.

1049 Avantures de la Roſalina, par d'Argens. *La Haye*, 1737. *in* 12.

1050 Mémoires du Chevalier de ***, par M. d'Argens. *Par.* 1745. *in* 12.

1051 Les Effets ſurprenans de la Sympathie. *Paris*, 1719. 2 *vol. in* 12.

1052 Hiſtoire de Lideric. *Par.* 1737. 2. *vol. in* 12.

1053 Mémoires de Saldaigne, par M. de Vignacourt. *Par.* 1745. *in* 12.

1054 Anecdotes du Siége de Tournay. *Par.* 1745. *in* 12.

1055. Mémoires de Gaudentio di Lucca. *Par.* 1746. 2 *vol. in* 12.

1056 Avantures de Rozelli. *Rouen*, 1729. 4 *tom.* 2 *vol. in* 12.

1057 La Vertueuſe Sicilienne. *Par.* 1746. *in* 12.

1058 La Saxe galante. *Par.* 1735. *in* 12.

1059 Guftave Vafa. *Paris*, 1725. *in* 12.

1060 Adelaïde de Meffine. *Par.* 1733. *in* 12.

1061 Hiftoire de Mathilde d'Aguilar, par Mlle. de Scuderi. *La Haye*, 1736. *in* 12.

1062 Marie d'Anjou Reine de Maïorque. *Paris*, 1682. 4 *vol. in* 12.

1063 Mémoires turcs. *Par.* 1743. *in* 12.

1064 La Comteffe de Janiffanta. *Rouen* 1730. 2 *vol. in* 12.

1065 La même. *Par.* 1739. 2 *vol. in* 12.

1066 Le Coufin de Mahomet. *Rouen*, 1742. 2 *vol. in* 12.

1067 la Vie & les Avantures de Zizime. *Par.* 1724. *in* 12.

1068 Sapor, par du Perret. *Paris*, 1730. 3 *vol. in* 12.

1069 Hiftoire de la Reine Marthefie. *in* 12. *m. bl.*

1070 Diane de Caftro par Huet. *Par.* 1728. *in* 12.

1071 Perkin faux Duc d'York. *Par.* 1732. *in* 12.

1072 Hiftoire de Catherine de France, Reine d'Angleterre. *Par.* 1696. *in* 12.

1073 Nouvelles d'Elifabeth. *Par.* 1674. 4 *v. in* 12.

1074 Marie Stuart. *Par.* 1674. 3. *vol. in* 12.

1075 Hiftoire d'Hyppolite, Comte de Duglas, par Mad. Daulnoy. *Par.* 1699. 2 *vol. in* 12.

1076 La même. *Par.* 1736. *in* 12.

1077 Le Comte de Warwick, par Me. Daulnoy. *Par.* 1740. *in* 12.

1078 Avantures du faux Chevalier de Warwick. *Par.* 1750. *in* 12.

1079 Nouv. Atlantis (en Angl.) *Lond.* 1709. *in* 8.

1080 L'Atlantis de Me. Manley. *Rouen*, 1714. 2. *vol. in* 12.

1081 Mémoires du Comte de Grammont, par Hamilton. *Colog.* 1713. *in* 12.

1082 Les mêmes. *Utrecht*, 1732. *in* 12.

1083 Histoires du Comte d'Oxfort de Miledy d'Herby, &c. par Mad. de Gomez. *Par.* 1737. *in* 12.

1084 Mémoires de Milord * * *. *Par.* 1727. *in* 12.

1085 Histoire d'un Gentilhomme Ecossois. *Par.* 1750. ━ Histoire de la Félicité. *Par.* 1751. *in* 12.

1086 Pamela, trad. de l'Anglois. *Par.* 1742. 2 *vol. in* 12.

1087 Antipamela. *Par.* 1742. ━ La belle Allemande. *in* 12.

1088 Oronoko. *Par.* 1745. *in* 12.

1089 Histoire de Tom Jones, par Fielding, trad. par M. de la Place. *Par.* 1750. 4 *vol. in* 12.

1090 Mémoires de Cecile, par le même. *Par.* 1751. 2 *vol. in* 12.

1091 Histoire de Miss Clarisse Harlove, trad. par M. Prevost. *Par.* 1751. 12 *part. 6 vol. in* 12.

1092 Histoire de John Bull, par Swift. *Par.* 1753. *in* 12.

1093 L'Etourdie, ou Histoire de Henri Tatless. trad. de l'Angl. *Par.* 1754. 4 *vol. in* 12.

1094 Le Mariage, ses agrémens, ses chagrins. *Par.* 1695. 3 *vol. in* 12.

1095 Mémoires de Mad. la Comtesse D * *. *Par.* 1698. 2 *vol. in* 12.

1096 Avantures de D. Palmerin & de Thamire, par du Perron de Castera. *Par* 1738. 2 *vol. in* 12.

1097 Anecdotes Persanes par Mad. de Gomez. *Par.* 1727. 2 *vol. in* 12.

1098 Anecdotes persanes, par la même. *Par.* 1727. 2 *vol. in* 12.

1099 Cent Nouvelles nouvelles, par la même. *Par.* 1735. *& suiv.* 36 *parties,* 18 *vol. in* 12. (manq. le 17e. vol.)

1100 Les Journées amusantes, par la même. *Par.* 1737. 8 *vol. in* 12.

1101 Amusemens de la Campagne. *Par.* 1742. 3 *vol. in* 12.

1102 Evandre & Fulvie. *Par.* 1728. *in* 12.

1103 Les Freres jumeaux. *Par.* 1730. *in* 12.

1104 L'Epouse infortunée. *Par.* 1733. *in* 12.

1105 L'infortuné Philope. *Par.* 1735. *in* 12.

1106 Le Sylphe amoureux. *Rouen*, 1734. *in* 12.

1107 Histoire d'Emilie , par Mad. Meheust. *Par.* 1732. *in* 12.

1108 Mémoires du Chev. de ***, par la même. *Par.* 1734. *in* 12.

1109 Mémoires de Mad. de Barneveldt , par des Fontaines. *Par.* 1732. 2 *vol. in* 12.

1110 Histoire de Mlle. de Salens. *Par.* 1740. 2 *vol. in* 12.

1111 Les faveurs & les disgraces de l'Amour. *La Haye*, 1734. 3 *vol. in* 12.

1112 Mémoires & Avantures de M. de * *. *Par.* 1735. 2. *vol. in* 12. (manq. la 1 & 2 partie.)

1113 Mémoires du Chev. de T * *. *Par.* 1738. *in* 12.

1114 Mémoires & Avantures de Mad. de P ***. *Par.* 1736. *in* 12.

1115 Histoires & Avantures de ***, par Lettres. *Par.* 1744. *in* 12.

1116 Lectures amusantes. *La Haye* , 1739. 2 *vol. in* 12.

1117 Le Paysan parvenu , par de Marivaux. *Par.* 1735. *in* 12.

1118 La Vie de Marianne , par le même. *Paris* , 1736. 3 *vol. in* 12.

1119 La même. *Rouen*, 1745. 2 *vol. in* 12.

1120 Jeannette seconde. *Rouen*, 1744. *in* 12.

1121 Mémoires de Solinville , par Mad. Levesque. *Par.* 1741. *in* 12.

1122 Mémoires de Versorand. *Par.* 3 *vol. in* 12.

1123 Mémoires de Rantzi. *Par.* 1747. *in* 12.

1124 Mémoires & Avantures d'un Bourgeois qui s'eſt avancé dans le monde. *Par.* 1750. 2 *vol. in* 12.

1125 Mémoires de Mainville. *La Haye,* 1736. *in* 12.

1126 Mémoires de Monville. *Par.* 1742. ══ Les deux Couſines. 1743. *in* 12.

1127 Mémoires de Meilcour. *Par.* 1739. *in* 12.

1128 Confeſſions du Comte de * * *, par Duclos. *Par.* 1742. *in* 12.

1129 Confeſſions de la Baronne de * *. *Par.* 1743. *in* 12.

1130 Le Fourbe puni. *Par.* 1740. *in* 12.

1131 Mémoires de la Comteſſe de * *. *Par.* 1744. *in* 12.

1132 Les Soirées amuſantes. *Par.* 1746. *in* 12.

1133 Mémoires d'une fille de qualité. *Par.* 1742. *in* 12.

1134 Les Amours traverſées. *Par.* 1741. *in* 12.

1135 Les Confidences réciproques. *Par.* 1747. *in* 12.

1136 Le guerrier philoſophe. *Par.* 1744. 2 *vol. in* 12.

1137 Le Berceau de la France. *Par.* 1744. *in* 12.

1138 Hiſtoire du cœur humain. *Par.* 1743. *in* 12.

1139 Atalzaïde. *Par.* 1745. *in* 12.

1140 La belle Allemande. *Par.* 1745. *in* 12.

1141 Themidore. *Par.* 1745. ══ Nouv. Contes de Fées. *Par.* 1745. *in* 12.

1142 Le Maſque de fer. *Paris,* 1750. *in* 12.

1143 Amours fugitifs du Cloître. *Amſt.* 1749. ══ Les petites Nouvelles pariſiennes. *Paris,* 1750. *in* 12.

1144 Le Triomphe du ſentiment. *Paris,* 1750. *in* 12.

1145 La Force de l'éducation. *Par.* 1750. *in* 12.

1146 La laideur aimable, & les dangers de la beauté. *Par,* 1752. *in* 12.

1147 Le Beau-frere fuppofé. *Paris,* 1752. 2 *vol. in* 12.

1148 Amufemens d'un prifonnier. *Paris,* 1750. *in* 12.

1149 Mémoires de Poligny. *Par.* 1749. *in* 12.

1150 L'Amour chez les Philofophes, ou Mémoires du Marquis de * * *. *Par.* 1748. *in* 12.

1151 Mémoires pour fervir à l'Hiftoire des mœurs du 18e. fiecle. *Par.* 1751. *in* 12.

1152 Les Héros fubalternes. *Par.* 1745. *in* 12.

1153 Avantures du Comte D* * *, 1750. 3 *part.* 1 *vol. in* 12.

1154 Le Paffe-partout galant. *in* 12.

1155 L'Ecole des filles, ou Mémoires de Conftance. *Par.* 1753. 4 *vol. in* 12.

1156 Leonille, Nouvelle par Mlle. *Nancy,* 1755. 2 *vol. in* 12.

1157 Abbaffaï. 2 *parties, in* 12.

1158 Nouvelles de Michel de Cervantes. *Rouen,* 1723. 2 *vol. in* 12.

1159 Nouvelles tragi-comiques de Scarron. *Par.* 1694. 2 *vol. in* 12.

1160 Hiftoire de Don Quichotte, par Cervantes. *Lyon,* 1696. 5 *vol. in* 12.

1161 La même. *Lyon,* 1738. 6 *vol. in* 12.

1162 Hiftoire de Gerard, Comte de Nevers. *Par. in* 8.

1163 Hiftoire de Tiran le blanc, trad. *Par.* 1740. 2 *vol. in* 8.

1164 Le Diable boiteux, par le Sage. *Rouen,* 1728. 2 *vol. in* 12.

1165 Le même, augmenté des béquilles, &c. *Par.* 1737. 2 *vol. in* 12.

1166 Histoire de Gilblas, par le même. *Paris*, 1721. 4 *vol. in* 12.

1167 La même. *Par.* 1738. 4 *vol. in* 12.

1168 Vie de D. Alphonse Blas-Rias, fils de Gilblas. *Amst.* 1744. *in* 12.

1169 Histoire d'Estevanille Gonzalez, par le Sage. *Par.* 1734. 2 *vol. in* 12.

1170 Histoire d'Estevanille, par le même. *Par.* 1734. 2 *vol. in* 12.

1171 Le Bachelier de Salamanque, par le même. *Par.* 1736. 2 *vol. in* 12.

1172 Histoires nouvelles, & Mémoires ramassés. *Par.* 1745. *in* 12.

1173 Jo. Barclaii Argenis. *Lugd. Bat. Elzev.* 1630. *in* 12. *m. r.*

1174 L'Argenis de Barclay, trad. par Josse. *Chartres*, 1732. 3 *vol. in* 12.

1175 Les Avantures de Telemaque, par Fenelon. *Rouen*, 1699. 2 *vol. in* 12.

1176 Les mêmes. *Rouen*, 1700. *in* 12.

1177 Les mêmes. *Par.* 1717. 2 *vol. in* 12.

1178 Voyage & Avantures du Comte de * * *, & de son fils. *Par.* 1745. 3 *vol. in* 12.

1179 Mahmoud la Gasnevide, par Mellon. *Par.* 1730. *in* 8.

1180 Mille & une nuit, Contes Arabes, par Galland. *Par.* 1726. 6 *vol. in* 12.

1181 Les mêmes. *Paris*, 1747. 8 *vol. in* 12.

1182 Mille & un jour. *Par.* 1729. 5 *vol. in* 12.

1183 Mille & une heure. *Par.* 1734. 2 *vol. in* 12.

1184 Les mille & un quart d'heure, Contes Tartares, par Gueullette. *Par.* 1734. 3 *vol. in* 12.

1185 Avantures de Fum-Hoam, Contes Chinois, par Gueullette. *Par.* 1723. 2 *vol. in* 12.

1186 Les mêmes. *Par.* 1728. 2 *vol. in* 12.

1187 Avantures d'Abdalla. *Rouen*, 1723. 2 *vol. in* 12.

1188 Les mêmes. *Par.* 1745. 2 *vol. in* 12.

1189 Nouv. Contes des Fées, par Mad. de Muralt. *Par.* 1724. *in* 12.

1190 N. Contes des Fées, par Mad. d'Aunoy. *Par.* 1728. 6 *vol. in* 12. (manq. le 1.)

1191 Trois nouv. Contes des Fées. *Paris,* 1735. *in* 12.

1192 Contes moins Contes que les autres, par Perrault Darmancour. *Par.* 1724. *in* 12.

1193 Deux Contes de cette année. *in* 12.

1194 Féeries nouvelles. *Par.* 1741. 2 *vol. in* 12.

1195 Le Belier, Fleur d'Epine, & les quatre Facardins, Contes par Hamilton. *Par.* 1730. 3 *vol. in* 12.

1196 La Jeune Amériquaine. *Par.* 1740. 2 *vol. in* 12.

1197 Tanzai & Neadarné, par Crebillon le fils. *Par.* 1734. 2 *vol. in* 12.

1198 Les mêmes. *Par.* 1740. 2 *vol. in* 12. *fig. m. b.*

1199 Nerair & Melhoé. *Par.* 1740. 2 *vol. in* 12.

1200 Hiftoire du Prince Soly. *Par.* 1740. *in* 12.

1201 Pigmalion. *Par.* 1741. *in* 12.

1202 La Princeffe fenfible, & le Prince Tryphon. *Par.* 1743. = La Princeffe Camion. = La patte du Chat. 1741. *in* 12.

1203 Le Prince des Aigues marines, le Prince invifible. *Par.* 1744. = Acajou & Zirphile, par Duclos. *Par.* 1744. *in* 12.

1204 Zulmis & Zelmaïde, Conte. *Paris,* 1745. *in* 12.

1205 Le * * * *, Hiftoire bavarde. *Par.* 1749. = Zadig. 1748. *in* 12.

1206 Mirza Nadir. *Par.* 1749. 2 *vol. in* 12.

1207 Mirla & Fatmé, Conte. *Par.* 1754. *in* 12.

1208 Il Decamerone di Boccaccio. *Lione,* 1555. *in* 12. *m. r.*

1209 Decameron de Bocace, trad. par Ant. le Macon. *Rouen*, 1670. *in* 12. *tom.* 2.

1210 Le Songe de Bocace, trad. *in* 12.

1211 Les cent Nouvelles nouvelles. *Col.* 1701. 2 *vol. in* 12. *fig.*

1212 Contes & Nouvelles de Marguerite de Valois. *Amst.* 1700. 2 *vol. in* 12. *fig.*

1213 Recueil de Contes. *Chartres*, 1733. 6 *vol. in* 12.

1214 Contes de Bonav. des Periers, nouv. edit. par M. de la Monnoye. *Par.* 1735. 3 *vol. in* 12.

1215 Contes & Difcours d'Eutrapel (Noël du Fail fieur de la Heriffaye.) *Rennes*, 1585. *in* 8.

1216 Les mêmes. *Paris*, 1732. 3 *tom.* 2 *vol. in* 12.

1217 Contes du fieur d'Ouville. *Rouen*, 1732. 2 *vol. in* 12.

1218 Ducento Novelle del Celio Malefpini. *In Venet.* 1609. *in* 4.

1219 Les facécieufes nüits de Straparole, trad. par Jean Louveau. *Par.* 1726. 2 *vol. in* 12.

1220 Hiftoires prodigieufes par Cl. de Teſſerant. *Par.* 1597. *in* 12. (les tom. 2 — 6.) 2 *vol. in* 12.

1221 Les Malades de belle humeur. *Par.* 1697. *in* 12.

1222 Apologie des Maifons de joie. *Amst.* 1727. *in* 12.

1223 Les Bijoux indifcrets. *Paris*, 2 *vol. in* 12. *fig.*

1224 Le Sopha. *Par.* 2 *vol. in* 12.

1225 Les Etrennes de la S. Jean. *Troyes*, 1742. *in* 12.

1226 Mémoires de l'Académie des Colporteurs. *Par.* 1748. *in* 12.

1227 Recueil de ces Meſſieurs. *Par.* 1745. *in* 12.

PHILOLOGUES.

P'HILOLOGUES.

1228 Aur. Macrobii Opera. *Par.* 1585. *in* 8.

1229 De la Charlatanerie des Sçavans, trad. *La Haye,* 1721. *in* 12.

1230 Chef d'œuvre d'un Inconnu, par Mathanasius. *Rouen,* 1714. *in* 12.

1231 Voïage de Languedoc, par M. le Franc. *Amst.* 1746. *in* 12.

1232 Le Temple de Gnide par Montesquieu, avec fig. *Par. in.* 8.

1233 Relation du Monde de Mercure. *Par.* 1750. 2 *vol. in* 12.

1234 Essais de littérature, par Trublet *Par.* 1737. *in* 12

1235 Histoire des imaginations extravagantes de M. Oufle, par Bordelon. *Par.* 1710. 2 *vol. in* 12.

1236 Le Geomyler, par l'Abbé de Villars. *Paris,* 1729. *in* 12.

1237 Apulejus. *Amst.* 1624. *in* 16. *m. r.*

1238 L'Ane d'or d'Apulée avec le Demon de Socrate, trad. *Par.* 1736. 2 *vol. in* 12.

1239 T. Petronius cum comment. edente Mich. Hadrianide. *Amst.* 1669. *in* 8.

1240 Idem, studio Pet. Burmanni. *Ultraj.* 1709. 2 *v. in* 4.

1241 Satyre de Petrone, trad. par Nodot. *Par.* 1693. 2 *vol. in* 12.

1242 La même lat. & fr. *Rouen,* 1709. 2 *vol. in* 12.

1243 La même, trad. par des Jardins. *Par.* 1742. *in* 12.

1244 Jo. Barclaii Satyricon. *Lugd. Bat. Elzev.* 1637. *in* 12. *m. cit.*

1245 Idem. *Lugd. Bat.* 1674. *in* 8.

I

1246 Avantures d'Euphormion. *Lyon*, 1701. 3 vol. *in* 12.

1247 Œuvres de Rabelais. *Rouen*, 1659. 2 vol. *in* 12.

1248 Les mêmes avec les notes de Duchat. *Par.* 1732. 5 vol. *in* 12.

1249 Moyen de parvenir. *Paris*, *in* 12.

1250 Aresta amorum cum explanat. Ben. Curtii. *Paris.* 1544. *in* 8.

1251 Le Conte du Tonneau, par Swift, (en Anglois). *Lond.* 1733. *in* 12.

1252 Le même, trad. *La Haye*, 1721. 2 v. *in* 12.

1253 Eloge de la Folie par Erasme, trad. par Gueudeville. *Amst.* 1728. *in* 8.

1254 La fameuse Compagnie de la Lesine ou Alesne, trad de l'Italien. *Par.* 1618. *in* 12.

1255 Réflexions sur les grands hommes qui sont morts en plaisantant. *Amst.* 1732. *in* 12.

1256 Traité des Dissentions entre les Nobles & le Peuple, par Swift, trad. *Par.* 1753. *in* 12.

1257 Satyres du P. Cantemir, trad. *Lond.* 1750. *in* 12.

1258 Essai sur le goût par Cartaud de la Vilate. *Par.* 1736. *in* 12.

1259 Caractères des Auteurs. *Par.* 1704. *in* 12.

1260 Parallele des Anciens & des Modernes, par Perrault. *Par.* 1693. 4 vol. *in* 12.

1261 Apophtegmes des Anciens par d'Ablancourt. *Par.* 1664. *in* 12.

1262 Valerius Maximus. *Amst.* 1630. *in* 16. *m. r.*

1263 Idem cum notis var. ex recens. Ant. Thysii. *Lugd. Bat.* 1651. *in* 8.

1264 Perroniana & Thuana. *Par.* 1691. *in* 12.

1265 Eadem. *Col.* 1694. *in* 12.

1266 Scaligerana. *Col.* 1695. *in* 12.

1267 Naudæana & Patiniana. *Par.* 1701. *in* 12.

1268 Efprit de Guy Patin. *Par.* 1709. *in* 12.
1269 Chevræana. *Par.* 1697. 2 *vol. in* 12.
1270 Menagiana *Par.* 1715. 4 *vol. in* 12.
1271 Eadem. *Par.* 1729. 4 *vol. in* 12.
1272 Valefiana. *Par.* 1694. *in* 12.
1273 Carpentariana. *Par.* 1724. *in* 12.
1274 Fureteriana. *Par.* 1696. *in* 12.
1275 Bolæana. *Par.* 1742. *in* 12.
1276 Huetiana. *Par.* 1722. *in* 12.
1277 Parrhafiana. *Amft.* 1699. *in* 12.
1278 Ducatiana. *Amft.* 1738. 2 *vol. in* 12.
1279 Vafconiana. *Par.* 1710. *in* 12.
1280 Poliffoniana. *Par.* 1722. *in* 12.
1281 Anonimiana. *Par.* 1700. *in* 12.
1282 Bons mots des Orientaux, par Galland. *Par.* 1694. *in* 12.
1283 Penfées ingénieufes des Anciens & des Modèrnes, par le P. Bouhours. *Par.* 1722. *in* 12.
1284 Les mêmes. *Par.* 1734. *in* 12.
1285 Elite des bons mots. *Rouen*, 1712. 2 *vol. in* 12.
1286 Bibliotheque des gens de Cour , par Gayot de Pitaval. *Par.* 1722. 5 *vol. in* 12.

POLYGRAPHES.

1287 Œuvres de Lucien trad. par d'Ablancourt. *Par.* 1688. 3 *vol. in* 12.
1288 Les mêmes. *Par.* 1707. 3 *vol. in* 12.
1289 Traité de l'opinion , par le Gendre de S. Aubin. *Par.* 1733. 5 *tom.* 10. *v. in* 12.
1290 Effais de Michel , Seigneur de Montaigne. *Par.* 1652. *in fol.*
1291 Les mêmes avec des notes , par Pierre Cofte. *Par.* 1725. 3 *vol. in* 4.
1292 Les mêmes. *La Haye*, 1727. 5 *vol. in* 12.

1293 Penſées de Montaigne. *Par.* 1700. *in* 12.

1294 Œuvres de la Mothe le Vayier. *Par.* 1662. 2 *vol. in fol.*

1295 Œuvres diverſes de Balzac. *Par.* 1646. 3 *vol. in* 4. & *in* 8.

1296 Œuvres de Matthieu de Montreuil. *Par.* 1680. *in* 12.

1297 Œuvres de Voiture. *Leyde*, 1654. *in* 8.

1298 Les mêmes. *Par.* 1693. 2 *tom.* 1 *v. in* 12.

1299 Les mêmes. *Par.* 1729. 2 *vol. in* 12.

1300 Œuvres de Sarazin. *Par.* 1658. *in* 12.

1301 Les mêmes. *Par.* 1685. 2 *vol. in* 12.

1302 Œuvres de Scarron. *Par.* 1709, 1733. 11 *vol. in* 12.

1303 Roman comique du même. *Par.* 1733. 3 *vol. in* 12.

1304 Œuvres de Cyrano Bergerac. *Par.* 1676. 2 *vol. in* 12.

1305 Œuvres du P. Rapin. *La Haye*, 1725. 3 *vol. in* 12.

1306 Œuvres galantes de Cotin. *Par.* 1665. 2 *vol. in* 12.

1307 Recueil de pieces galantes de Mad. de la Suze & de Pelliſſon. *Par.* 1674. 4 *vol. in* 12.

1308 Le même. *Lyon*, 1695. 4 *tom.* 2 *vol. in* 12.

1309 Œuvres de S. Real. *Par.* 1730. 5 *vol. in* 12.

1310 Œuvres poſtumes du même. *Par.* 1699. 2 *v. in* 12.

1311 Œuvres de Villedieu. *Par.* 1715. 12 *vol. in* 12.

1312 Les mêmes. *Par.* 1721. 12 *vol. in* 12.

1313 Voyage de Bachaumont & de la Chapelle. *Par.* 1697. *in* 12.

1314 Œuvres mêlées de S. Evremond. *Par.* 1670. 7 *vol. in* 12.

1315 Les mêmes. *Par.* 1706. 5 *vol. in* 12.

1316 Les mêmes. *Par.* 1725. 7 *vol. in* 12.

1317 Œuv. mêlées d'Hamilton. *Par.* 1731. *in* 12.

1318 Les mêmes. *Amst.* 1745. 2 *vol. in* 12.

1319 Œuvres diverses de P. Bayle. *La Haye*, 1727. 4 *vol. in fol.*

1320 Recueil de divers écrits de S. Hyacinthe. *Par.* 1736. *in* 12.

1321 Œuvres de Mad. Durand. *Par.* 1737. 6 *vol. in* 12.

1322 Ouvrages de Rochester, (en Angl.). *Lond.* 1718. *in* 12.

1323 Œuvres d'Alexandre Pope, (en Anglois) 1736. 5 *vol. in* 8.

1324 Œuvres de Fontenelle. *Par.* 1724. 3 *vol. in* 12.

1325 Les mêmes *Par.* 1742, 1751. 8 *vol. in* 12.

1326 Mélanges de littérature, par M. Dalembert. *Par.* 1753. 2 *vol. in* 12.

1327 Recueil de pieces fugitives. *Rotterd.* 1743. *in* 12.

1328 Diversités curieuses, par Bordelon. *Par.* 1698. 7 *vol. in* 12.

1329 Pieces fugitives, par Archimbaud. *Par.* 1704. 2 *vol. in* 12.

1330 Mélanges d'histoire & de littérature, par Vigneul de Marville. *Par.* 1725. 3 *vol. in* 12.

1331 Mémoires de la Houssaie. *Par.* 1737. 3 *vol. in* 12.

1332 Voïage littéraire de D. Martenne. *Par.* 1717. *in* 4.

1333 Pieces diverses. (Procès de Desfontaines & de Gourné, &c.). *in* 12.

1334 Liasse de pieces diverses, de littérature, nouvelles, &c.

1335 Liasse de Pieces sur différens sujets. *in* 12.

1336 Choix d'histoires, par Feutri. *Par.* 1754. 2 *parties in* 12.

1337 Liasse de pieces sur différens sujets. *in* 4.

1338 Singularités diverses en profe & en vers. *Par.* 1753. *in* 12.

1339 Recueil de Penfées, d'Extraits &c., par ordre alphabet. 2 *portef. mff. in* 4.

1340 Colloques d'Erafme, trad. par Gueudeville. *Leide*, 1720. 5 *vol. in* 12.

1341 Cinq Dialogues d'Oratius Tubero. *Par.* 1673. *in* 12.

1342 Dialogues des Morts, par Fenelon. *Par.* 1721. 2 *vol. in* 12.

1343 Dialogues crit. & phil. de Chartelivri. *Amft.* 1730. *in* 12.

1344 La maniere de bien penfer dans les ouvrages d'efprit, par Bouhours. *Par.* 1691. *in* 12.

1345 Entretiens d'Arifte & d'Eugene, par le même. *Par.* 1691 *in* 12.

1346 Lettres de Pline, trad. par Sacy. *Par.* 1699. *in* 12.

1347 Les mêmes. *Par.* 1721. 3 *vol. in* 12.

1348 Lettres d'Abeillard & d'Héloife, trad. par Gervaife. *Par.* 1723. 2 *vol. in* 12.

1349 Epiftolæ clarorum virorum, ftudio Sim. Abbes Gabbema. *Harlingæ*, 1664. *in* 8.

1350 Lettres d'Arnauld d'Andilli. *Paris*, 1680. *in* 12.

1351 Lettres de Guy Patin & à Ch. Spon. *Rouen*, 1715. *Amft.* 1718. 5 *vol. in* 12.

1352 Lettres de Rouffeau. *Par.* 1749. 3 *vol. in* 12.

1353 Lettres de Rabutin, Comte de Buffi. *Par.* 1720. 7 *vol. in* 12.

1354 Lettres de Sévigné. *Par.* 1728. 2 *vol. in* 12.

1355 Les mêmes. *Par.* 1735. 4 *vol. in* 12.

1356 Suite des mêmes. *Par.* 1751. *in* 12.

1357 Lettres de Bourfault. *Par.* 1709. 3 *vol. in* 12.

1358 Lettres hift. & gal., par Mad. du Noyer. *Trevoux*, 1732. 5 *vol. in* 12.

1359 Lettres galantes. *Par.* 1672. *in* 12.

1360 Lettres d'une Religieuſe Portugaiſe. *in* 12.

1361 Lettres ſur les Anglois & les François, & ſur les voyages, par Muralt. 1725. *in* 8.

1362 Les mêmes. *Amſt.* 1728. *in* 8.

1363 Lettres ſur les Anglois, par Voltaire. *Rouen*, 1739. *in* 8.

1364 Les mêmes. 1734. *in* 12.

1365 Les mêmes. 1734. Princeſſes malabares. 1734. *in* 12.

1366 Lettres écrites de la campagne. *La Haye*, 1721. *in* 12.

1367 Lettres Perſannes. *Par.* 1731. 2 *vol. in* 12.

1368 Nouv. Lettres perſannes. *Lond.* 1735. *in* 12.

1369 Lettres de Crébillon. *Par.* 1738. *in* 12.

1370 Les mêmes. *Par.* 1739. 2 *vol. in* 12.

1371 Lettres d'une Peruvienne. *in* 12.

1372 Lettres Saxonnes. *Amſt.* 1738. *in* 12.

1373 Lettres Moſcovites. *Amſt.* 1736. *in* 12.

1374 Lettres d'Oſman. *Par.* 1753. 3 *vol. in* 12.

HISTOIRE.

GEOGRAPHIE, VOYAGES, &c.

1375 METHODE pour étudier l'Hiſtoire, par Lenglet. *Par.* 1729. 4 *vol. in* 4.

1376 Cluverii Introductio in Geographiam. *Amſt.* 1677. *in* 24.

1377 Traité de Géographie, par Duval. *Par.* 1680. *in* 12.

1378 Géographie de la Croix. *Lyon*, 1705. 5 *vol. in* 12.

1379 Géographie des enfans, par Lenglet. *Par.*
　1740. *in* 12.

1380 Alphabet géogr. par de la Forest de Bourgon.
　Par. 1709. *in* 12.

1381 Dictionnaire géographique, par Bruzen la
　Martiniere. *La Haye*, 1726. *& suiv.* 10 *vol. in
　fol.* (jusqu'à la lettre T inclus.)

1382 Dictionnaire géographique, par Vosgien.
　Par. 1747. *in* 8.

1383 Nic. Sanson, in Pharum Galliæ antiquæ Phil.
　Labbe Disquisitiones. *Par.* 1647. *in* 12.

1384 Ad. Romani Theatrum urbium. *Francof.*
　1608. *in* 4.

1385 Description du monde, par P. Davity, nouv.
　edit. par J. B. de Rocoles. *Paris*, 1660. 7 *vol.
　in fol.*

1386 Atlas de Jansson. *Amst.* 1647. 5 *vol. in fol.*

1387 Recueil de Cartes de Sanson. *in fol.*

1388 Cartes d'Allemagne. *Par.* 1633. *in fol.*

1389 Atlas de Jaillot, contenant 99 Cartes. *Paris*,
　1689. *in fol.*

1390 Atlas de M. de l'Isle, contenant 79 Cartes.
　in fol.

1391 Porte-feuille de Cartes du même.

1392 Neptune françois. *in fol.*

1393 Introduction à la Géographie, par le Rouge.
　Par. 1748. *in* 4.

1394 Atlas à l'usage des Officiers. *Amst.* 1734.
　in 4. *obl.*

1395 Lettres sur les Voyages. *in* 12.

1396 Histoire générale des Voyages, par M. l'Ab-
　bé Prevost. *Par.* 1746. *& suiv.* 20 *vol. in* 12.

1397 Voyages de Monconys. *Amst.* 1695. 5 *vol.
　in* 12.

1398 Voyages de Jean Struys en Moscovie, &c.
　Rouen, 1718. 3 *vol. in* 12.

1399

1399 Voyages de J. B. Tavernier. *Rouen*, 1713.
6 *vol. in* 12.

1400 Voyage autour du Monde, par Woodes Rogers. *Rouen*, 1725. 3 *vol. in* 12.

1401 Voyage de Thevenot. *Amft.* 1727. 5 *vol. in* 12.

1402 Voyage hift. de l'Europe. *Par.* 1708. 8 *vol. in* 12.

1403 Nouveau Voyage de France. *Paris*, 1723. *in* 12.

1404 Voyage d'Italie, de Dalmatie, &c. par Spon & Wheler. *Amft.* 1669. 2 *vol. in* 12.

1405 Voyage d'Italie, par Miſſon. *La Haye*, 1702. 3 *vol. in* 12.

1406 Lettres fur l'état d'Italie en 1687. par Burnet. *Colog.* 1688. *in* 12.

1407 Voyage en Italie, par Gabriel d'Emilliane. *Rotterd.* 1697. 2 *vol. in* 12.

1408 Voyage hiftor. d'Italie, par Merville. *La Haye*, 1729. 2 *vol. in* 12.

1409 Relation d'un Voyage d'Efpagne. *Par.* 1654. *in* 12.

1410 Voyage d'Efpagne à Bender, par Bellerive. *Par.* 1721. *in* 12.

1411 Voyages de M. des Hayes en Dannemarc. *Par.* 1664. *in* 12.

1412 Voyage en Dannemarc. *Rotterd.* 1707. 2 *vol. in* 12.

1413 Voyage vers le Septentrion. *Amft.* 1708. *in* 12.

1414 Voyage au Levant, par Corn. le Brun. *Amft.* 1714. *in fol. G. P.*

1415 Voyages de le Brun aux Indes orientales. *Amft.* 1718. 2 *vol. in fol.*

1416 Voyage de Paul Lucas dans la Turquie, &c. *Rouen*, 1724. 3 *vol. in* 12.

K

1417 Voyage d'Alep à Jerusalem, par Maundrell. *Utrecht*, 1705. *in* 12.

1418 Voyages de Pietro della Vallé. *Par.* 1664. 4 *vol. in* 4.

1419 Voyages de Chardin en Perse. *Rouen*, 1723. 3 *vol. in* 12.

1420 Recueil des Voyages aux Indes orientales, & de Schouten. *Rouen*, 1725. 12 *vol. in* 12.

1421 Journal d'un Voyage aux Indes orientales. *Amst.* 1721. 3 *vol. in* 12.

1422 Voyage de Luillier aux grandes Indes. *Par.* 1705. *in* 12.

1423 Voyages aux Indes orientales, par Albert de Mandelslo, trad. par de Wicquefort. *Amst.* 1727. 2 *tom.* 1 *vol. in fol.*

1424 Voyages en Moscovie, par Olearius, trad. par de Wicquefort. *Amst.* 1727. 2 *tom.* 1 *vol. in fol.*

1425 Voyage aux Indes orientales en 1743, & 1744. *in* 4. *mss.*

1426 Voyage de Siam, par Choisy. *Par.* 1687. *in* 4. *m. r.*

1427 Second Voyage de Tachard. *Par.* 1689. *in* 4.

1428 Voyage de des Marchais en Guinée, par Labat. *Par.* 1730. 4 *vol. in* 12.

1429 Histoire des voyages & conquêtes des Castillans dans les Indes occidentales, par Ant. Herrera, trad. par Nic. de la Coste. *Par.* 1660. 2 *vol. in* 4.

1430 Th. Spizelii Relatio de repertis in Americâ Tribubus Israëliticis. *Bas.* 1661. *in* 8.

1431 Voyages de Thomas Gage. *Trévoux*, 1720. 2 *vol. in* 12.

1432 Voyages de Coréal aux Indes occidentales. *Amst.* 1722. 3 *vol. in* 12.

1433 Voyage de la Hontan. *Rouen*, 1703. 2 *vol. in* 12.

1434 Les mêmes. *La Haye* , 1706. *2 vol. in* 12.

1435 Relation du voyage du Port Royal de l'Acadie. *Amst.* 1710. *in* 12.

1436 Voyage aux Isles de l'Amérique , par Labat. *Par.* 1722. *6 vol. in* 12.

1437 Voyage de M. de Gennes au détroit de Magellan., par Froger. *Par.* 1699. *in* 12.

1438 Relation de la mer du Sud, par Frezier. *Amst.* 1717. *2 vol. in* 12.

1439 Relation de l'Amérique avec un Journal de la Barre. *Par.* 1671. *2 vol. in* 12.

1440 Voyage du pays des Hurons, par Gab. Sagard. *Par.* 1632. *in* 8.

1441 Voyage de M. de la Sale au Golfe du Mexique. *Paris* , 1713. *in* 12.

1442 Histoire des Sevarambes. *Amst.* 1716. *2 vol. in* 12.

1443 Avantures de Robinson. *Rouen* , 1720, 2 *vol. in* 12.

1444 Les mêmes. *Amst.* 1743. *3 vol. in* 12.

1445 Voyages de Gulliver , par Swift. *Par.* 1727. *2 vol. in* 12.

1446 Voyages de Jean Gulliver, par Desfontaines. *Par.* 1730. *2 vol. in* 12.

1447 Voyages de Boyle. *Amsterdam* , 1730. *2 vol. in* 12.

1448 Les mêmes. *Amst.* 1732. *in* 12.

1449 Voyage du Pole arctique au Pole antarctique par le centre du monde. *Par.* 1723. *in* 12.

CHRONOLOGIE, HIST. UNIV. &c.

1450 Tables chronologiques de M. de l'Isle. *in fol. magno.*

1451 Tablettes chronol. de l'Histoire universelle, par Lenglet. *Par.* 1744. *2 vol. in* 8.

1452 Chronologie de Newton, trad. par Granet. *Par.* 1728. *in* 4.

1453 Phil. Lanſbergii Chronologia ſacra. *Middelb.* 1625. *in* 4.

1454 Tables chronogr. de l'état du Chriſtianiſme, par Gaultier. *Lyon*, 1621. *in fol.*

1455 Entretiens ſur l'Hiſtoire de l'Univers. *Par.* 1690. 2 *vol. in* 12.

1456 Etats & Empires du monde, par Thevet. *Par.* 1619. *in* 4.

1457 Juſtinus cum var. obſervat. ex recenſ. Ant. Thyſii. *Lugd. Bat.* 1650. *in* 8.

1458 Hiſtoire de Juſtin, trad. *Par.* 1693. 2 *vol. in* 12.

1459 Dion. Petavii Rationarium temporum. *Par.* 1633. 2 *vol. in* 12.

1460 Abrégé de l'alliance chronologique, par le P. Labbe. *Par.* 1664. *in* 4.

1461 Hiſtoire univerſelle, trad. de l'Anglois. *Amſt.* 1742. 3 *vol. in* 4.

1462 Hiſtoire univerſelle, par D. Calmet. *Strasbourg*, 1735. 7 *vol. in* 4.

1463 Hiſtoire du Monde, par Chevreau. *Paris*, 1717. 8 *vol. in* 12.

1464 Introduction à l'Hiſtoire de l'Univers, par de Pufendorf. *Trevoux*, 1722. 7 *vol. in* 12.

1465 La même. *Amſt.* 1738. 9 *vol. in* 12.

1466 Diſcours ſur l'Hiſtoire univerſelle, par Boſſuet. *Par.* 1724. 2 *vol. in* 12.

1467 Le même. *Par.* 1737. 2 *vol. in* 12.

1468 Joan. Marshami Canon chronicus, ægyptiacus, hebraïcus, græcus. *Lipſiæ*, 1676. *in* 4.

1469 Atlas hiſtorique, par Gueudeville. *Amſt.* 1721. 7 *vol. in fol.*

1470 Pauli Jovii Hiſtoria ſui temporis. *Lugd.* 1561. 3 *vol. in* 12.

1471 Abrégé de l'Hiſtoire univerſelle , par Vol-
taire. *Par.* 1753. 2 *vol. in* 12.

1472 Hiſtoire chronologique du dernier ſiecle. *Par.*
1715. *in* 12.

1473 Hiſtoire abrégée du ſiecle courant, depuis
1600. juſq. 1686. par de Chaſan. *Par.* 1687.
in 12.

1474 Mémoires pour ſervir à l'Hiſtoire univer-
ſelle de l'Europe, depuis 1600. juſq. 1716. par
Davrigny. *Par.* 1725. 4 *vol. in* 12.

1475 Eſpion turc , par Marana. *Rouen* , 1715.
6 *vol. in* 12.

1476 Gazettes de France , par Renaudot, depuis
1632. juſq. 1731. *Paris* , 1632. & *ſuiv.* 67 *vol.*
in 4. (manq. 1633. 34. 35. 37. 40. 42. 49. 50.
51. 53. 54. 55. 56. 58. 62. 64. 65. 69. 71. 72.
74. 75. = 82. 84. 85. 87.)

1477 Mercure hiſtorique & politique , depuis
Nov. 1686. juſq. Juin 1738. *La Haye* , 1686.
& *ſuiv.* 108 *vol. in* 12.

1478 Lettres hiſtoriques , depuis 1692. juſqu'en
Juin 1728. *La Haye* , 1692. & *ſuiv.* 73 *vol.*
in 12.

1479 La Clef du cabinet des Princes , depuis Juil-
let 1704. juſq. Juin 1732. *Luxembourg* , 1704. &
ſuiv. 58 *vol. in* 12.

1480 Etat politique de l'Europe. *La Haye* , 1738.
& *ſuiv.* 10 *vol. in* 12.

1481 Mémoires de Pollnitz. *Amſt.* 1735. 2 *vol.*
in 12.

1482 Mémoires ſur l'origine des guerres de l'Eu-
rope , par Linage de Vauciennes. *Col.* 1678. 2
tom. 1 *vol. in* 12.

1483 Æg. Bucherius in Victorii Canonem paſ-
chalem. *Ant.* 1633. *in fol.*

1484 Le Diſciple des Tems , par la Peyre. *Par.*
1631. *in* 8.

1485 Hiſtoire du Calendrier romain , par Fr. Blondel. *Par.* 1682. *in* 4.

1486 Faſtorum Calendarium, ſtudio Sibr. Siccamæ. *Amſt.* 1600. *in* 4.

1487 Faſtes des anciens Hébreux , Grecs & Romains , par N. Vignier. *Par.* 1588. *in* 4.

HISTOIRE ECCLESIASTIQUE.

1488 Hiſtoire du Peuple de Dieu , par le P. Berruyer. *Par.* 1728. 7 *vol. in* 4.

1489 Mœurs des Iſraëlites , par Cl. Fleury. *Par.* 1681. *in* 12.

1490 La Vie de Salomon , par Choiſy. *Par.* 1687. *in* 8.

1491 Cérémonies & Coûtumes religieuſes des Peuples du monde , avec les fig. de Picard. *Amſt.* 1723. *& ſuïv.* 7 *vol. in fol.*

1492 Annales de l'Egliſe , par Cl. Villette. *Par.* 1616. *in* 4.

1493 Anecdotes eccléſiaſtiques , par Giannone. *Amſt.* 1738. *in* 12.

1494 Diſcours (neuf) ſur l'Hiſtoire eccléſiaſtique , par Fleury. *Par.* 1724. 3 *vol. in* 12.

1495 Abrégé de l'Hiſtoire eccléſiaſtique , par l'Abbé Racine. *Par.* 1752. *& ſuïv.* 13 *vol. in* 12.

1496 Abrégé chronol. de l'Hiſtoire eccléſiaſtique , par Macquer. *Par.* 1751. 2 *vol. in* 8.

1497 Journal de M. d'Orſanne. *Amſt.* 1753. 6 *vol. in* 12.

1498 Hiſtoire du Concile de Trente de fra Paolo Sarpi , trad. par Amelot de la Houſſaie. *Amſt.* 1704. *in* 4.

1499 La même. *Amſt.* 1713. *in* 4.

1500 Défenſe de la trad. du Concile de Trente , par le P. le Couroyer. *Amſt.* 1742. *in* 12.

1501 Hiftoire des Conclaves. *Lyon,* 1691. 2 *vol. in* 12.

1502 Alf. Ciaconii Vitæ Pontificum rom. *Romæ,* 1630. 2 *vol. in fol.*

1503 Hiftoire des Papes, par André du Chefne. *Par.* 1645. *in fol.*

1504 Hiftoire des Papes. *Lyon,* 1672. *in* 12.

1505 Vie d'Alexandre VI, par Gordon. *Amft.* 1732. 2 *vol. in* 12.

1506 Maximes polit. de Paul III. par Aymon. *La Haye,* 1716. *in* 12.

1507 Hiftoire de la Vie de Sixte V. par Leti, trad. 1698. 2 *tom.* 1 *vol. in* 12.

1508 La même. *Par.* 1731. 2 *vol. in* 12.

1509 Hiftoire des Jéfuites. *Utrecht.* 1741. 4 *tom.* 2 *vol. in* 12.

1510 Recueil de pieces fur les filles de l'Enfance. *Rouen,* 1718. 2 *tom.* 1 *vol. in* 12.

1511 Mémoires de G. Juliard. *Rouen,* 1735. *in* 12.

1512 Fr. Mennenii Deliciæ equeftrium ordinum. *Col.* 1613. *in* 8.

1513 Hiftoire de Malte, par Vertot. *Par.* 1726. 4 *vol. in* 4. *G. P.*

1514 Recherches hift. de l'Ordre du S. Efprit, par Fr. du Chefne. *Par.* 1710. 2 *vol. in* 12.

1515 Theod. Ruinart Hiftoria perfecutionis Vandalicæ. *Par.* 1694. *in* 8. *m. r.*

1516 Supplément au Sermon de S. Polycarpe, par Faydit. *in* 12.

1517 Hiftoires de Maimbourg. *Par.* 1682. 19 *vol. in* 12. (manq. les Pontificats, l'Eglife de Rome.)

1518 Hiftoires de l'Arianifme, du Schifme d'Occident, de la décadence de l'Empire, du Calvinifme, par le même. *Paris,* 1673. *& fuiv.* 5 *vol. in* 4.

1519 Hiſtoires des héréſies, par Varillas. *Paris*, 1686. *6 vol. in* 4.

1520 Réponſe de Varillas à Burnet. *Paris*, 1687. *in* 8. *m. r.*

1521 Sommaire de l'Hiſtoire de la guerre contre les Albigeois, par du Tillet. *Par.* 1590. *in* 8.

1522 Hiſtoire des Croiſades contre les Albigeois, par le P. Langlois. *Par.* 1703. *in* 12.

1523 Hiſtoire de l'Edit de Nantes, par Benoiſt. *Delft.* 1693. *5 vol. in* 4.

1524 Hiſtoire du Fanatiſme, par Brueys. *Paris*, 1702. *in* 12.

1525 Hiſtoire des Anabaptiſtes, par le P. Catrou. *Par.* 1706. *in* 4.

1526 Hiſtoire de l'Inquiſition & de ſon origine, par Marſollier. 1693. *in* 12.

HISTOIRE DES JUIFS, DES GRECS, &c.

1527 Hiſtoire ancienne, par Rollin. *Par.* 1731. *& ſuiv.* 10 *tom.* 12 *vol. in* 12.

1528 La même. *Par.* 1737. *& ſuiv.* 13 *tom.* 14 *vol. in* 12.

1529 Hiſtoire des Juifs, par Prideaux. *Par.* 1726. 7 *vol. in* 12.

1530 Hiſtoire des Juifs, par Joſeph, trad. par Arnauld d'Andilly. *Amſt.* 1700. *in fol fig.* G. P.

1531 Hiſtoire de la Religion des Juifs, par Baſnage. *Rotterd.* 1707. 7 *vol. in* 12.

1532 Pauſanias, trad. par Gedoyn. *Par.* 1731. 2 *vol. in* 4.

1533 Hiſtoires d'Herodote, trad. par du Ryer. *Par.* 1714. 3 *vol. in* 12.

1534 Leonidas (Hiſtoire tirée du ſeptieme livre d'Herodote). trad. du Hollandois de Harem. *La Haye*, 1742. *in* 8.

1535 Histoire de Thucydide, trad. par d'Ablancourt. *Par.* 1714. 3 *vol. in* 12.

1536 La Cyropædie, par Xenophon, trad. par Charpentier. *La Haye*, 1732. *in* 12.

1537 Les Voyages de Cyrus, par Ramſay. *Par.* 1727. 2 *vol. in* 8.

1538 Le Repos de Cyrus, par Pernetty. *Par.* 1732. *in* 8.

1539 Histoire de Cyrus le Jeune, par l'Abbé Pagi. *Par.* 1736. *in* 12.

1540 Histoire de Diodore de Sicile, trad. par Terraſſon. *Par.* 1737. 2 *vol. in* 12.

1541 Guerres d'Alexandre, par Arrian, trad. par d'Ablancourt. *Par.* 1664. *in* 12.

1542 Q. Curtii Historia Alexandri M. cum notis Var. edente Corn. Schrevelio. *Amſt.* 1663. *in* 8.

1543 Eadem cum notis Sam. Pitiſci. *Ultraj.* 1685. *in* 8.

1544 Quinte-Curce trad. par Vaugelas. *Par.* 1680. 2 *vol. in* 12.

1545 Histoire romaine, par Coeffeteau. *Par.* 1621. *in fol.*

1546 Hiſt. rom., par Echard. *Par.* 1728. 6 *v. in* 12.

1547 La même. *Par.* 1734. 12 *vol. in* 12.

1548 Histoire romaine, par Rollin & Crevier. *Par.* 1738. & *ſuiv.* 16 *vol. in* 12.

1549 Histoire des révolutions romaines, par Vertot. *Par.* 1719. 3 *vol. in* 12.

1550 Les mêmes. *Par.* 1720. 3 *vol. in* 12.

1551 Hiſtoires de Polybe, trad. par P. du Ryer. *Par.* 1670. 3 *vol. in* 12.

1552 Histoire de Polybe, trad. par D. Thuillier avec les comment. de M. de Folard. *Par.* 1727. 6 *vol. in* 4.

1553 Dion. Halicarnaſſei Antiquitates romanæ. *Lugd.* 1561. *in* 12.

1554 T. Livii Hiftoria cum notis Jo. Dujatii, ad ufum Delphini. *Par.* 1679. *6 vol. in* 4.

1555 Appian Alexandrin, trad. par Cl. de Seyffel. *Par.* 1580. *in fol.*

1556 C. Salluftii Opera cum notis variorum ex recenf. Ant. Thyfii. *Lugd. Bat.* 1659. *in* 8.

1557 Sallufte, trad. *Par.* 1701. *in* 12.

1558 C. Julii Cæfaris Opera, cum notis Var. ftudio Arn. Montani. *Amft.* 1661. *in* 8.

1559 Eadem. *Amft.* 1664. *in* 16. *m. r.*

1560 Commentaires de Cefar trad. par d'Ablancourt. *Par.* 1650. *in.* 4.

1561 Les mêmes *Par.* 1714. 2 *vol. in* 12.

1562 Hiftoire des deux Triumvirats. *Par.* 1683. 3 *vol. in* 12.

1563 La même. *Amft.* 1720. 3 *vol. in* 12.

1564 Hiftoire d'Augufte, par Larrey. *Par.* 1686, *in* 12.

1565 Hiftoire de Ciceron, par Prevoft. *Par.* 1743. 5 *vol. in* 12.

1566 Hiftoire des quatre Cicerons. *Par.* 1714. *in* 12.

1567 Tacitus. *Lugd. Bat.* 1634. 2 *vol. in* 12. *mar. bl.*

1568 Idem. *Amft.* 1649. *in* 24.

1569 Idem cum notis variorum ex recenf. Jo. Fr. Gronovii. *Amft.* 1685. 2 *vol. in* 8.

1570 Œuvres de Tacite, trad. par d'Ablancourt. *Par.* 1681. 3 *vol. in* 12.

1571 Les mêmes, trad. avec des notes, par Amelot. *Rouen,* 1724. *La Haye,* 1731. 10 *vol. in* 12.

1572 Tibere : Difcours fur Tacite, par Amelot de la Houffaie. *Amft.* 1683. *in* 4.

1573 La Morale de Tacite, de la flatterie, par Amelot. *Par.* 1686. *in* 12.

1574 Difcours fur Tacite, par Gordon, trad. *Amft.* 1742. 2 *vol. in* 12.

1575 Trad. de quelques ouvrages de Tacite, par de la Bleterie. *Par.* 1755. 2 *vol. in* 12.

1576 Suetonius. *Amst.* 1621 *in* 24.

1577 Idem. *Par. Typ. Reg.* 1644. *in* 12. *m. r.*

1578 Idem cum comm. Joan. Schildii. *Lugd. Bat.* 1667. *in* 8.

1579 Suetone, trad. par du Teil. *Par.* 1700. *in* 12.

1580 Vellejus Paterculus. *Amst.* 1664. *in* 12.

1581 Florus. *Lugd. Bat. Elzev.* 1638. *in* 12. *m. r.*

1582 Epitome de Florus, trad. par la Mothe le Vayer. *Par.* 1656. *in* 8.

1583 Dionis Nicæi Historia gr. lat. ex versione Henr. Stephani. *Idem.* 2 *vol. in* 8.

1584 Ammiani Marcellini Historia, ex edit. Henr. Valesii. *Par.* 1681. *in fol.*

1585 Histoire d'Ammian Marcellin, trad. par Marolles. *Par.* 1672. 3 *vol. in* 12.

1586 Eutropii Breviarium historiæ romanæ. *Oxonii.* 1703. *in* 8.

1587 Les Cesars de Julien, trad avec des notes, par Spanheim, avec les fig. de Picart. *Amst.* 1728 *in* 4.

1588 Vie de Julien, par de la Bleterie. *Par.* 1746. *in* 12.

1589 Histoire de Jovien par de la Bleterie. *Par.* 1748. 2 *vol. in* 12.

1590 Vie de Cassiodore, par Ste. Marthe. *Paris,* 1694. *in* 12. *m. r.*

1591 Explication des coutumes & ceremonies des Romains, par Nieuport, trad. par Desfontaines. *Par.* 1741. *in* 12.

1592 Des Mœurs & Usages des Romains. *Par.* 1739. *in* 12.

1593 Considérations sur la grandeur des Romains. *Par.* 1735. *in* 12.

1594 Discours de la Religion des anciens Romains, par du Choul. *Lyon*, 1580. *in* 4.

1595 Funérailles des Anciens, par Cl. Guichard. *Lyon*, 1581. *in* 4.

1596 Histoire des guerres d'Italie, par Guicciardin, trad. par Chomedey. *Par.* 1612. *in fol.*

1597 Ritratto di Roma antica e moderna. *In Roma.* 1652. 2 *vol. in* 8.

1598 Mercurio delle grandezze di Roma, di Pietro Rossini. *In Roma.* 1732. *in* 12.

1599 Traité des Antiquités de Rome, Ital. & Fr., par Pinaroli. *Rome*, 1725. 3 *vol. in* 12.

1600 Splendore dell'antica e moderna Roma, da Suizzero. *Roma*, 1641. *in fol.*

1601 Basilica di S. Pietro di Roma. 1684. *in fol.*

1602 Instructions données par le Pape à ses Nonces en 1621. *mss. in* 4.

1603 Conjuration de Rienzi, par le P. du Cerceau. *Par.* 1733. *in* 12.

1604 Observations sur les antiquités de la Ville d'Herculanum, par M. Cochin. *Par.* 1754. *in* 12.

1605 Défense de la Monarchie de Sicile, par Dupin. *Par.* 1716. *in* 12.

1606 Anecdotes de Florence, par Varillas. *La Haye*, 1687. *in* 12.

1607 Œuvres de Machiavel. *Amst.* 1698. 5 *vol. in* 12.

1608 La Toscane françoise, par J. B. l'Hermite. *Par.* 1601. *in* 4.

1609 Historia di Veneta di Batt. Nani. *Venet.* 1586. *in* 4.

1610 Histoire de Venise, par Nani, trad. par Tallemand. *Par.* 1679. 3 *vol. in* 12.

1611 Histoire du gouvernement de Venise, par Amelot de la Houssaie. *Par.* 1676. *in* 8.

1612 Examen de la liberté de Venise. == Congiura

de Fiefchi , da Mafcardi. ▬ Abdication du Roi
de Sardaigne. *in* 8.

1613 Politique civ. & mil. des Venitiens. *Col.*
1669. *in* 12.

1614 Hiftoire de la république de Genes , par de
Mailli. *Par.* 1696. 3 *vol. in* 12.

1615 Hiftoire des révolutions de Genes , jufq.
1748. *Par.* 1750. 3 *vol. in* 12.

1616 Vie de Caftruccio Caftracani , par Dreux du
Radier. *Par.* 1753. *in* 8.

1617 Abregé de l'Hiftoire de la Maifon de Savoie ,
par Blanc. *Lyon* , 1677. 3 *vol. in* 12.

1618 Lettre fur le titre d'Alteffe roïale du Duc de
Savoie. *Colog.* 1701. *in* 12.

1619 Defcription du Roïaume de Sardaigne. *La
Haye* , 1725. *in* 12.

1620 Hiftoire de Geneve , par Spon , augm. *Ge-
neve.* 1730. 2 *vol. in* 4.

HISTOIRE DE FRANCE.

1621 Bibliotheque des auteurs de l'Hift. de Fran-
ce , par Duchefne. *Par.* 1718. ═ Mémoires de
la Haye , Baron des Coutaulx. *in* 8.

1622 Ifagoge in notitiam Hiftoriæ gallicæ , ftudio
Jo. Alb. Fabricii. *Hamb.* 1708. *in* 8.

1623 Bibliotheque hift. de la France , par le P.
le Long. *Par.* 1719. *in fol.*

1624 Mart. Zeilleri Topographia Galliæ. *Francof.*
1655. 4 *vol. in fol. fig.*

1625 Théâtre géograph. de la France. *in fol.*

1626 Plans & Cartes des Villes de France , par de
Baulieu. 2 *vol. in* 4. *obl.*

1627 Les Côtes de France , par de Fer. *in* 4.

1628 Nouv. Découvertes fur l'état de l'anc. Gaule
du tems de Céfar , par de Mandajors. *Par.* 1696.
in 12.

1629 Defcription de la France, par Piganiol de la Force. *Amft.* 1719. *6 vol. in* 12.

1630 Dénombrement du Royaume. *Par.* 1720. *in* 4.

1631 Etat de la France, par Boulainvilliers. *Londres*, 1728. *3 vol. in fol.*

1632 Antiquités de la France, par du Chefne. *Par.* 1609. *in* 8.

1633 Etat des Archev. Ev. &c. de France, avec les blafons enluminés, par Chevillard. *in* 4.

1634 Recueil des Bénéfices de France, par le Pelletier. *Par.* 1690. *in* 12. *m. r.*

1635 Hiftoire eccléf. de la Cour, par du Peyrat. *Par.* 1645. *in fol.*

1636 Hiftoire des Gaules, par D. Jacq. Martin. *Par.* 1752. *in* 4. *tom.* 1.

1637 La Religion des Gaulois, par D. Jacq. Martin. *Par.* 1727. 2 *vol. in* 4.

1638 Scip. Maffei Antiquitates Galliæ. *Par.* 1733. *in* 4.

1639 Jo. If. Pontani Origines francicæ. *Hardervici*, 1616. *in* 4.

1640 Pet. Ramus de moribus veterum Gallorum. *Par.* 1562. *in* 8.

1641 L'Origine des François & de leur empire, par Audigier. *Par.* 1676. 2 *vol. in* 12.

1642 Hiftoire critique de l'établiffement de la Monarchie françoife dans les Gaules, par J. B. Dubos. *Par.* 1734. 3 *vol. in* 4.

1643 L'Empire françois, par Turquoys. *Orléans*, 1651. *in fol.*

1644 And. Sylvii fynopfis Hiftoriæ franco-merovingicæ. *Duaci*, 1633. *in* 4.

1645 Hiftoire des François par S. Grégoire de Tours, trad. par de Marolles. *Par.* 1668. 2 *vol. in* 8.

1646 Aimoini Hiftoria Francorum. *Par.* 1567. *in* 8.

1647 Pauli Æmilii Hiftoria. *Lut.* 1550. *in fol.*

1648 Hiftoriæ Francorum Scriptores, ex Bib. Pithoei. *Francof.* 1596. *in fol.*

1649 Hiftoriæ Francorum Scriptores, ftudio And. du Chefne. *Par.* 1636. *& feq.* 5 *vol. in fol.*

1650 Had. Valefii Res francicæ. *Par.* 1646. *in fol.*

1651 Chroniques de France jufqu'à Louis XI. par Nic. Gilles. *Par.* 1566. *in fol.*

1652 Les mêmes, contin. par Fr. de Belleforeft & Gab. Chappuys. *Par.* 1600. *in fol.*

1653 Hiftoire de France, par de Cordemoy. *Par.* 1685. 2 *vol. in fol. G. P.*

1654 Annales Regum Francorum ab an. 741. ad an. 829. *Col.* 1561. *in* 12.

1655 Præclara Francorum facinora ab an. 1200. ad an. 1311. *in* 8. *goth.*

1656 Hiftoire de France, par de Girard fieur du Haillan. *Geneve,* 1580. 2 *vol. in* 8.

1657 Sommaire de l'Hiftoire des François, par Nic. Vignier. *Par.* 1579. *in fol.*

1658 Recueil des Rois de France, par du Tillet. *Par.* 1607. *in* 4.

1659 Le même. *Par.* 1618. *in* 4.

1660 Recherches d'Eft. Pafquier. *Par.* 1617. *in* 4.

1661 Les mêmes. *Orléans,* 1665. *in fol.*

1662 Nic. des Carneaux, de geftis Regum Galliæ. *Par.* 1617. *in* 8.

1663 Pap. Maffoni Annales. *Par.* 1577. *in* 4.

1664 Iidem. *Lutet.* 1578. *in* 8.

1665 Hiftoire de France, par Piguerre. *Paris,* 1581. *in fol.*

1666 Hiftoire de France, par Fr. Eudes de Mezeray. *Par. Guillemot* 1643. 3 *vol. in fol.*

1667 Abrégé de la précédente Hiftoire. *Par.* 1676. 8 *vol. in* 12.

1668 Le même. *Amst.* 1696. avec la suite par Limiers. *Rouen*, 1722. 9 *vol. in* 12.

1669 Mémoires hist. & critiques, par Mezeray. *Amst.* 1732. *in* 12.

1670 Histoire de France, par le P. Daniel. *Paris*, 1729. 10 *vol. in* 4.

1671 Abrégé de la même. *Par.* 1724. 9 *vol. in* 12.

1672 Nouv. Histoire de France, par L. le Gendre. *Par.* 1718. 3 *vol. in fol.*

1673 Annales de la Monarchie françoise, par Limiers. *Amst.* 1724. *in fol.*

1674 Histoire de l'origine & des progrès de la Monarchie françoise, par Marcel. *Par.* 1686. 4 *vol. in* 12.

1675 Histoire de France, par Chalons. *Par.* 1741. 3 *vol. in* 12.

1676 Abrégé de l'Hist. de France, par Brianville. *Par.* 1667. *in* 12.

1677 Mémoires abrégés de l'Histoire de France, par Boulainvilliers. *Mss.* 3 *vol. in fol.*

1678 Nouv. Abrégé de l'Histoire de France, par M. le Prés. Hénault. *Par.* 1749. 2 *vol. in* 8.

1679 Histoire de France, par Velly. *Par.* 1755. 2 *vol. in* 12.

1680 Mich. Ritius de Regibus Francorum. *Par.* 1507. *in* 8.

1681 Généalogies, Effigies des Rois de France, par Jehan Bouchet. *Poitiers*, 1545. *in fol.*

1682 Les Rois de France, par Ch. de Flavigny. *Par.* 1593. *in* 8.

1683 Mémoires de S. Remy. *La Haye*, 1716. 2 *vol. in* 12.

1684 Histoire des révolutions de France, par de la Hode. *La Haye*, 1738. 4 *vol. in* 12.

1685 Les mémorables journées des François. *Par.* 1682. 2 *vol. in* 12.

1686

1686 God. Henſchenius de tribus Dagobertis. *Ant.* 1655. *in* 4.

1687 Jo. Jac. Chiffletii Anaſtaſis Childerici I. *Ant.* 1655. *in* 4.

1688 Diſcours hiſt. concernant le mariage d'Anſbert & de Blithilde, par Chantereau le Febvre. *Par.* 1647. *in* 4.

1689 M. Ant. Dominicy familia Anſberti rediviva. *Par.* 1648. *in* 4.

1690 Hiſtoire de Charlemagne, par de la Bruere. *Paris.*, 1745. 2 *vol. in* 12. *G. P.*

1691 Hiſtoire de Suger, par Gervaiſe. *Par.* 1721. 3 *vol. in* 12.

1692 Hiſtoire de S. Lóys, par Joinville, donnée par Menard. *Par.* 1617. *in* 4.

1693 Hiſtoire de S. Louis, par la Chaize. *Brux.* 1688. 2 *vol. in* 12.

1694 Minorité de S. Louis, par Varillas. *La Haye,* 1687. *in* 12.

1695 Hiſtoire de Ville - Hardouin. *Par.* 1584. *in* 4.

1696 Hiſtoire des démêlés du P. Boniface VIII & de Philippe-le-Bel, par Baillet. *Paris,* 1718. *in* 12.

1697 Hiſtoire de Philippe Auguſte, par Baudot de Juilly. *Par.* 1702. 2 *vol. in* 12.

1698 Hiſtoire de Bertrand du Gueſclin, par Paul Hay du Chaſtelet. *Par.* 1666. *in fol.*

1699 Chroniques de France, &c. par Jehan Froiſſart. *Par.* 1505. 3 *vol. in fol.*

1700 Chroniques d'Ènguerran de Monſtrelet. *Par.* 1572. 3 *tom.* 2 *vol. in fol.*

1701 Hiſtoire de Jean de Boucicaut, donnée par Th. Godefroy. *Par.* 1620. *in* 4.

1702 Hiſtoire du Mar. de Boucicaut. *Par.* 1697. *in* 12.

M

1703 Hiſtoire de Charles VI, par Jean Juvenal des Urſins, donnée par Th. Godefroy. *Par.* 1614. *in* 4.

1704 Hiſtoire de Charles VI, par J. le Laboureur. *Par.* 1663. 2 *vol. in fol.*

1705 Traité des Genois avec Charles VI en 1392. *in fol. Mſ.*

1706 Hiſtoire de Charles VII, par Jean Chartier, donnée par Denys Godefroy. *Par.* 1661. *in fol.*

1707 Le Vergïer d'Honneur, par Octavien de S. Gelais. *in* 4. *goth.*

1708 Vigilles du Roi Charles VII, par Marcial de Paris, dit d'Auvergne. *Par. in* 4 *goth.*

1709 Hiſtoire du ſiége d'Orléans & de la Pucelle Jeanne, par Dubreton. *Par.* 1631. *in* 8.

1710 Mémoires ſecrets de la Cour de Charles VII, par Mad. Daulnoy. *Paris,* 1734. 2 *tom.* 1 *vol. in* 12.

1711 Mémoires de Comines. *Brux.* 1706. 3 *vol. in* 8.

1712 Les mêmes, avec les augment. de Godefroy. *Par.* 1714. 4 *vol. in* 8.

1713 Les mêmes. *Brux.* 1723. 5 *vol. in* 8.

1714 Chronique ſcandaleuſe de Louis XI. *Paris,* 1620. *in* 8.

1715 Cabinet du Roi Louis XI. *Par.* 1661. *in* 12.

1716 Hiſtoire de Louis XI, par Matthieu. *Paris,* 1620. *in* 4.

1717 Hiſtoire de Louis XI, avec les preuves, par Duclos. *Par.* 1745. 1746. 4 *vol. in* 12.

1718 Hiſtoire de Charles VIII, par Guill. de Jaligny, &c. avec les addit. de Godefroy. *Paris,* 1684. *in fol.*

1719 Hiſtoire de Bayard, par Aimar. *Lyon,* 1699. *in* 12.

1720 Hiſtoire du Card. d'Amboiſe, par Baudier. *Par.* 1634. *in* 4.

1721 Vie du Card. d'Amboise, par le Gendre. *Rouen*, 1726. 2 *vol. in* 12.

1722 Histoire de la Ligue de Cambray, par Dubos. *Par.* 1709. 2 *vol. in* 12.

1723 La même. *Par.* 1728. 2 *vol. in* 12.

1724 Prud. de Sandoval, & Lud. de Cabrera, Historia captivitatis Francisci I. *Mediol.* 1715. *in* 12.

1725 Mémoires de du Bellay. *Par.* 1588. *in fol.*

1726 Epîtres de Rabelais, avec les observ. de Sainte Marthe. *Par.* 1651. *in* 8.

1727 Th. Cormerii Res gestæ Henrici II. *Paris*, 1584. *in* 4.

1728 Commentaires des guerres en la Gaule Belgique, par Fr. de Rabutin. *Par.* 1555. *in* 4.

1729 Instructions sur les affaires d'Etat, de la guerre, &c. par Fr. de Boyvin, Baron du Villars. *Lyon*, 1610. *in* 8.

1730 Lettres & Mémoires d'Etat, par Guill. Ribier. *Par.* 1666. 2 *vol. in fol.*

1731 Gasp. Colinii Vita, 1575. = La Tragédie des rebelles de Montpellier, 1622. = Mémoires militaires de S. Estienne. *Par. in* 8.

1732 Vie de Gasp. de Coligny. *Col.* 1686. *in* 12.

1733 Mémoires de Gasp. de Coligny. *Par.* 1665. *in* 12.

1734 Mémoires de Condé augm. par Secousse, avec le supplément par Lenglet. *Paris*, 1743. 6 *vol. in* 4.

1735 Vie de Franc. de Lorraine, Duc de Guise, par Valincourt. *Par.* 1681. *in* 12.

1736 Légende du Card. de Guise. *Reims*, 1576. *in* 8.

1737 Mémoires de Michel de Castelnau, avec les additions de J. le Laboureur. *Bruxelles*, 1731, 3 *vol. in fol.*

M ij

1738 Négociations de M. de Noailles, Ev. d'Acqs, en Turquie, en 1572. *Mff. in fol.*

1739 Hiftoire de France depuis 1550. par la Popeliniere. 1581. 2 *vol. in fol.*

1740 Hiftoire de la conquête des pays de Breffe & de Savoye, par de la Popeliniere. *Lyon*, 1601. *in* 8.

1741 Hiftoire des Hiftoires, par de la Popeliniere. *Par.* 1599. *in* 8.

1742 Hiftoire de notre tems, par Paradin. *Paris*, 1557. *in* 12. *m. r.*

1743 Hiftoire des troubles depuis 1562. *Bafle*, 1572. *in* 8.

1744 De l'état & fuccès des affaires de France, par du Haillan. *Par.* 1573. *in* 12.

1745 Le Réveil-matin des François. *Paris*, 1574. *in* 8.

1746 Hiftoire des guerres de Poitou, &c. depuis 1574. jufq. 1576. *Par.* 1578. *in* 8.

1747 Difcours polit. & milit. de la Noue. *Bafle*, 1587. *in* 8.

1748 Hiftoire univerfelle de d'Aubigné. *Maillé*, 1616. 2 *vol. in fol.*

1749 Mémoires de la Vie de Theod. Agrippa d'Aubigné, &c. *Amft.* 1731. *in* 12.

1750 Commentaires de Blaife de Montluc. *Par.* 1661. 2 *vol. in* 12.

1751 Mémoires de Gafpard de Saulx de Tavanes. *in fol.*

1752 Hiftoire des neuf Rois Charles de France, par Belleforeft. *Par.* 1568. *in fol.*

1753 Hiftoire des regnes de Louis XI, &c. par Varillas. *Par.* 1689. 14 *vol. in* 4.

1754 Hiftoire du Maréchal de Matignon, par de Cailliere. *Par.* 1661. *in fol.*

1755 Mémoires de Brantofme. *Trévoux*, 1722. 10 *vol. in* 12.

1756 Lettres de Paul de Foix. *Par.* 1628. *in* 4.

1757 Ern. Eremundi Hiftoria Belgicorum tumultuum : de furoribus gallicis, &c. *Amft.* 1641. *in* 12.

1758 Moyens d'abus de la Bulle de Sixte V, contre Henri IV & le Prince de Condé. 1586. *in* 8.

1759 Défenfe d'Henri IV & du P. de Condé, trad. du *Brutum fulmen.* 1587. *in* 8.

1760 Philippiques contre les Bulles, pour Henri IV. *Tours,* 1592. *in* 8.

1761 Mémoires de M. le Duc d'Angoulême. *Par.* 1667. *in* 12.

1762 Jo. Boucher de jufta Henrici III abdicatione e Francorum regno. *Par.* 1589. *in* 8.

1763 Lettre myftique contre Jean Boucher. *Leiden,* 1602. *in* 8.

1764 Journal d'Henri III, avec la Defcription de l'Ifle des Hermaphrodites. *Col.* 1720, 1724. 5 *vol. in* 8.

1765 Vie de la Vallette, par Mauroi. *Metz,* 1624. *in* 4.

1766 Satyre menippée. *Ratisb.* 1664. *in* 12.

1767 La même. *Ratisb.* 1699. *in* 12.

1768 La même avec les remarques de MM. Dupuy & Duchat. *Brux.* 1726. 3 *vol. in* 8.

1769 Mémoires de la Reine Marguerite. *in* 8.

1770 Mémoires de Believre & de Sillery. *Par.* 1676. 2 *vol. in* 12.

1771 Hiftoire des guerres civiles de France, par Davila, trad. par Baudoin. *Par.* 1647. 2 *v. in fol.*

1772 Mémoires d'Etat, par de Cheverni. *Paris,* 1664. 2 *vol. in* 12.

1773 Mémoires de Villeroy. *Trevoux,* 1725. 7 *vol. in* 12.

1774 Jac. Aug. Thuani Hiftoria. *Gen.* 1626. 5 *tom.* 4 *vol. in fol.*

1775 Index nominum hiſtoriæ Thuani. *Genev.* 1634 *in* 4.

1776 Hiſtoire de M. de Thou trad. par du Ryer. *Par.* 1659. 3 *vol. in fol.*

1777 Mémoires de la vie de J. Aug. de Thou. *Rouen*, 1714. *in* 12.

1778 Conciones & Orationes thuaneæ. *Francof.* 1679. *in* 12.

1779 Mémoires de l'Etoile. *Brux.* 1719. 2 *v. in* 8.

1780 Suite des Mémoires de l'Etoile. *Par.* 1732, 1736. 4 *vol. in* 8.

1781 Mémoires de Sully. *Amſtelredam. in fol.*

1782 Les mêmes. *Trevoux*, 1725. 12 *vol. in* 12.

1783 Les mêmes, mis en ordre, avec des remarques, par Lecluſe. *Par* 1745. 8 *vol. in* 12.

1784 Les mêmes. *Par.* 1745. 3 *vol. in* 4.

1785 Obſervations ſur les nouv. Mémoires de Sully. 1747. ▬ Teſtament de Desfontaines. 1746. *in* 12.

1786 Lettres du Cardinal d'Oſſat, avec les notes d'Amelot. *Par.* 1714. 5 *vol. in* 12.

1787 La vie des Bourbons. *La Rochelle*, 1587. *in* 8.

1788 Hiſtoire d'Henri IV, par P. Matthieu. *Par.* 1605. *in* 4.

1789 Vie de Henri IV, par le Grain. *Par.* 1614. *in fol.*

1790 Hiſtoire de Henri IV, par de Perefixe. *Amſt.* 1661. *in* 12.

1791 La même. *Par.* 1681. *in* 12.

1792 La même. *Par.* 1749. 2 *vol. in* 12.

1793 Henrici Nav. regis Epiſtolæ ad Imp. rom. &c. *Ultraj.* 1679. *in* 12.

1794 Hiſtoire du Card. de Joyeuſe. *Par.* 1654. *in* 4.

1795 Lettres & Ambaſſades de Phil. Canaye *Par.* 1645. 3 *vol. in fol.*

1796 Mémoires du Duc de Nevers. *Par.* 1665. 2 *vol. in fol.*

1797 Mémoires du Duc de Bouillon. *Par.* 1666. *in* 12.

1798 Ambaſſades du Card. du Perron. *Par.* 1629. *in fol.*

1799 L'Anti-Hermaphrodite. *Par.* 1606. *in* 8.

1800 Hiſtoire des derniers troubles de France. 1610. *in* 8.

1801 Le Pater noſter des Jéſuites & autres pieces, &c. 1611. *in* 8.

1802 Recueil de pieces ſur le Connet. de Luynes. 1625. *in* 8.

1803 Mémoires de la Régence de Marie de Médicis. *Par.* 1666. *in* 12.

1804 Hiſtoire de la Mere & du Fils, par Mezerai. *Amſt.* 1730. 2 *vol. in* 12.

1805 Mémoires de Pontchartrain. *La Haye,* 1720. 2 *vol. in* 12.

1806 Hiſtoire de la rébellion des Réformés depuis 1620 juſq. 1624. par C. Malingre. *Par.* 1622. 3 *vol. in* 8

1807 Mémoires de Deageant. *Grenoble ,* 1668. *in* 12.

1808 Hiſtoire de Leſdiguieres , par Videl. *Par.* 1638. *in fol.*

1809 Hiſtoire des Favoris , par Dupuy. *Rouen ,* 1660. *in* 12.

1809* La même. *Par.* 1662. *in* 12.

1810 Chronique des favoris : Réponſe : Méditations de l'hermite Valerien : Horoſcope du Connetable : Pſautier des Courtiſans, &c. 1622. *in* 8.

1811 Inventaire des affaires de France, depuis 1610 juſq. 1620 , par d'Autreville. *Par.* 1620. *in* 8.

1812 Hiſtoire mémorable depuis 1610 juſq. 1620,

par P. Boitel, fieur de Gaubertin. *Par.* 1619. 2 *vol. in* 8.

1813 Négociations en Allemagne , par le Duc d'Angoulême , de Bethune &c. , en 1620 & 1621. *mff. in fol.*

1814 Hiftoire des guerres de Louis XIII , depuis 1610 jufq. 1622. *Par.* 1618. *in* 8.

1815 Thréfor de l'hiftoire de notre tems , depuis 1610 jufq. 1624, par Gafpard. *Par.* 1624. *in* 8.

1816 Hiftoire de la rébellion des Rochelois, par Ste Marthe , trad. par Baudoin. *Par.* 1629. *in* 8.

1817 Hiftoire des deux derniers fiéges de la Rochelle. *Par.* 1630. *in* 8.

1818 Relation de la defcente des Anglois en l'ifle de Ré. *Par.* 1628. *in* 8.

1819 Alliances du Roi avec le Turc juftifiées contre les Efpagnols , par G. le Guay. *Par.* 1625. *in* 8.

1820 Lettre de la Cordonniere à M. de Baradas══ Catholicon françois , par Renaudot ══ Rabbi Ben-oni Vifiones & Prophetiæ. *in* 8.

1821 Mémoires du Marquis de Montbrun. *Paris ,* 1702. *in* 12.

1822 Mémoires du Duc de Rohan. *Amft.* 1644. *in* 12.

1823 Mémoires de Baffompierre. *Col.* 1692. 2 *v. in* 12.

1824 Les mêmes. *Trevoux ,* 1723. 4 *vol. in* 12.

1825 Ambaffade du même en Suiffe. *Col.* 1668. 2 *tom.* 1 *vol. in* 12.

1826 Hiftoire de la vie de Henri , dernier Duc de Montmorency. *Lyon,* 1693. *in* 12.

1827 La même. *Par.* 1699. *in* 12.

1828 Vie de Mad. la Duch. de Montmorency. *Par.* 1684. *in* 8.

1829 Vie du P. Jofef , par Richard. *Par. in* 12.

1830

1830 La même *Paris* , 1750. 2 *vol. in* 12.

1831 Hiſtoire de Toyras par Baudier. *Par.* 1644. *in fol.*

1832 Mémoires de Montchal. *Rouen*, 1718. *in* 12.

1833 Hiſtoire du miniſtere du Cardinal de Richelieu. *Par.* 1650. *in fol.*

1834 Vie du Card. de Richelieu ; par le Clerc. *Rouen* , 1724. 3 *vol. in* 12.

1835 Journal de Richelieu. *Par.* 1665. 2 *v. in* 12.

1836 Lettres du Card. de Richelieu. *Amſt.* 1695. *in* 12.

1837 Teſtament polit. du Card. de Richelieu. *Amſt.* 1689. *in* 12.

1838 Lettre ſur le Teſtament polit. du Card. de Richelieu. 1750. *in* 12.

1839 Anecdotes du miniſtere du Card. de Richelieu , tirés du Mercurio di Siri & trad. par de Valdori. *Rouen* , 1717. 2 *vol. in* 12.

1840 Parallele des Card. Ximenès & Richelieu , par Richard. *Par.* 1705. *in* 12.

1841 Mémoires de Montreſor, *Trevoux* , 1723. 2 *vol. in* 12.

1842 Mémoires de M. de Bouy. *Par.* 1711. 2 *tom.* 1 *vol. in* 12.

1843 Hiſtoire du Duc d'Eſpernon , par Girard. *Par.* 1673. 3 *vol. in* 12.

1844 Mémoires d'Eſpernon. *Par.* 1626. *in* 4.

1845 Avantures de Fœneſte , par d'Aubigné. *Brux.* 1729. 2 *vol. in* 8.

1846 Négociation avec Marie de Médicis , par M. de Bethune. *Par. in fol.*

1847 Pieces de S. Germain pour la Reiue Mere. *in fol.*

1848 Recueil de pieces pour ſervir à l'Hiſtoire. 1635. *in fol.*

1849 Triomphes de Louis XIII, par Valdor. *Par.* 1649. *in fol.*

1850 Le Regne de Louis XIII, par Jean Danes. *Par.* 1644. *in* 4.

1851 Histoire de Louis XIII, par le Grain. *Par.* 1619. *in fol.*

1852 Histoire de Henri III, IV & Louis XIII, par P. Mathieu. *Par.* 1625. 2 *vol. in* 8.

1853 Histoire de France sous François I — Louis XIII, par le même. *Par.* 1631. 2 *vol. in fol.*

1854 Histoire de Louis XIII, par le Vassor. *Amst.* 1712 & *suiv.* 10 *tom.* 18 *vol. in* 12.

1855 Mémoires de Mad. de Motteville. *Amsterd.* 1723. 5 *vol. in* 12.

1856 Mémoires de la Rochefoucauld. *Col.* 1662. *in* 12.

1857 Mémoires secrets de la Cour de France sous la minorité de Louis XIV. *Par.* 1733. 3 *v. in* 12.

1858 Mémoires de Beauvais. Nangis. *Par.* 1665. *in* 12.

1859 Le Mercure françois, par Richer & autres. *Par.* 1619 & *suiv.* 25 *vol. in* 8.

1860 Histoire de Guebriant, par du Châtelet. *Par.* 1656. *in fol.*

1861 Mémoires du Duc de Guise. *Par.* 1668. *in* 12.

1862 Les mêmes. *Par.* 1681. *in* 12.

1863 Vie de Gassion. *Par.* 1673. 3 *vol. in* 12.

1864 Maximes pour l'institution du Roi, par Joly. *Amst.* 1663. *in* 12.

1865 Histoire du Traité de Westphalie par le P. Bougeant. *Par.* 1744. 6 *vol. in* 12.

1866 Lettres de MM. d'Avaux & Servien. 1650. *in* 12.

1867 Panégyriques de la paix, de la concorde, par Helie Poirier. *Amst.* 1648. *in* 12.

1868 Mémoires de M. Omer Talon. *Par.* 1732. 8 *vol. in* 12.

1869 Mémoires de Lenet. *Par.* 1729. 2 *vol. in* 12.

1870 Recueil de pieces pour & contre le Card. Mazarin. *Par.* 1648. *& suiv.* 19 *vol. in* 4.

1871 Mémoires du Card. de Retz. *Par.* 1717. 4 *vol. in* 12.

1872 Les mêmes. *Rouen* 1718. 3 *vol. in* 12.

1873 Histoire de la détention du Card. de Retz. *Paris,* 1755. *in* 12.

1874 Mémoires de Joli. *Amst.* 1718. 2 *vol. in* 12.

1875 Mémoires de Mad. de Nemours. *Par.* 1709. *in* 12.

1876 Histoire de la prison & de la liberté de M. le Prince. *Par.* 1651. *in* 4.

1877 Journal du Parlement, depuis 1648 jusq. 1652. 3 *vol. in* 4..

1878 Mémoires de Jacq. de Saulx de Tavannes. *Par.* 1691. *in* 12.

1879 Défense du Maréchal de la Motte Houdancourt. *Par.* 1649. *in* 4.

1880 Mémoires de Pontis, par du Fossé. *Par.* 1715. 2 *vol. in* 12.

1881 Relations de guerre. (Secours d'Arras en 1654. Siége de Valence en 1656. Siége de Dunkerke en 1658)., par de la Mesnardiere. *Par.* 1672. *in* 8.

1882 Mémoires de Brienne. *Amst.* 1719. 3 *v. in* 12.

1883 Benj. Priolus de rebus gallicis. *Par.* 1665. *in* 4.

1884 Histoire du Traité de paix de 1659, par Priorato. *Col.* 1664. *in* 12.

1885 Histoire du ministere du Card. Mazarin. *Rotterd.* 1695. *in* 8.

1886 Histoire du Card. Mazarin, par Aubery. *Amst.* 1718. 3 *vol. in* 12.

1887 Lettres du Card. Mazarin. *Amst.* 1693. 2 *vol. in* 12.

1888 Breviarium politicorum, secundùm rubricas Mazarinicas. *Francof.* 1697. *in* 12.

1889 Le Tacite françois, par de Cerisiers. *Paris,* 1659. 2 *vol. in* 12.

1890 Recueil de pieces de 1663. *in* 12.

1891 Histoire du Mar. de Fabert, par Courtilz. *Rouen,* 1696. *in* 12.

1892 Mémoires de Rabutin, Comte de Bussy. *Amst.* 1697. 2 *vol. in* 12.

1893 Les mêmes. *Par.* 1704. 3 *vol. in* 12.

1894 Mémoires de Terlon, depuis 1656. jusq. 1661. *Par.* 1681. 2 *tom.* 1 *vol. in* 12.

1895 Mémoires de Montglat. *Rouen,* 1728. 4 *vol. in* 12.

1896 Mémoires de M. de Lyonne. 1668. *in* 12.

1897 Mémoires de Montpensier. *Trévoux,* 1730. 6 *vol. in* 12.

1898 Histoire de Henriette d'Angleterre, par Mad. la Fayette. *Amst.* 1742. *in* 12.

1899 Conseil sur les mouvemens, de la France. 1671. *in* 12.

1900 Le Politique désinteressé. *Cologne,* 1671. Le Card. Mazarin joué par un Flamand. 1671. *in* 12.

1901 La France politique. 1672. Le Politique désinteressé. 1671. *in* 12.

1902 Acquisitions de la France par la Paix, par Duval. *Par.* 1679. *in* 12.

1903 Mémoires de Puysegur. *Paris,* 1690. 2 *vol. in* 12.

1904 Mémoires du Mar. du Plessy. *Paris,* 1675. *in* 4.

1905 Pieces sur la neutralité de Liege. 1674. *in* 12.

1906 Le Politique du tems, avec des remarques. 1674. *in* 8.

1907 Traité de la Politique de France, par du Chaftelet. *Colog.* 1680. *in* 12.

1908 Mémoires d'Artagnan, par de Courtilz. *Rouen*, 1700. *3 vol. in* 12.

1909 Etat préfent des affaires d'Allemagne. Relation de la campagne de M. de Turenne en 1674. *Par.* 1675. *in* 12.

1910 Vie du Vicomte de Turenne, par du Buiffon (Gatien de Courtilz.) *Rouen*, 1688. *in* 12.

1911 Relation de ce qui s'eft paffé en Allemagne en 1675. = 1677. *Lyon*, 1677. 2 *vol. in* 12.

1912 Mémoires des expéditions militaires en Allemagne, &c. *Par.* 1734. 2 *vol. in* 12.

1913 Hiftoire amoureufe de France, par Buffy. 1677. *in* 12.

1914 Vie de Mad. de la Valiere. *in* 12.

1915 Relation de ce qui s'eft paffé en Catalogne. *Par.* 1678. *in* 12.

1916 Mémoires de Chavagnac. *Befançon*, 1699. 2 *vol. in* 12.

1917 Les fauffes démarches de la France fur la négociation de la Paix. 1678. *in* 12.

1918 Mémoires hiftoriques depuis 1672. jufq. 1679. par Mad. Daulnoy. *Par.* 1693. 2 *vol. in* 12.

1919 La Devife du Roi, juftifiée, par le P. Meneftrier. *Par.* 1679. *in* 4.

1920 Jof. de Jouvancy Panegyricus Ludovico XIV. *Par.* 1680. *in* 12. *m. r.*

1921 Collegii Soc. Jef. Par. fefti plaufus ad nuptias Ludovici Delphini. *Par.* 1680. *in fol.*

1922 Actes & Mémoires des négociations de la Paix de Nimegue. *Amft.* 1680. 3 *vol. in* 12.

1923 Mémoires des contraventions de la France à la Paix de Nimegue. 1682. *in* 12.

1924 Hiftoire des promeffes illufoires depuis la paix des Pirenées. *Colog.* 1684. *in* 1

1925 Mars chriftianiffimus. *Col.* 1684. *in* 12.

1926 Mémoires du Duc de Navailles. *Par.* 1701. *in* 12.

1927 Les mêmes. *Amft.* 1701. *in* 12.

1928 Mémoires de Rochefort. *Rouen*, 1691. *in* 12.

1929 Vie de J. B. Colbert. 1695. *in* 12.

1930 Teftament polit. de Colbert. *Rouen*, 1694. *in* 12.

1931 Le même. 1704. *in* 12.

1932 Relation de la campagne des Allemands en 1690. *Liege*, 1691. *in* 12.

1933 Dialogues dès Grands fur les affaires préfentes. *Col.* 1690. *in* 12.

1934 La Cour de France turbanifée. *La Haye*, 1690. *in* 12.

1935 Hiftoire de L. de Bourbon, Prince de Condé, par Cofte. *Rouen*, 1694. 2 *vol. in* 12.

1936 Mémoires de la Vie de Franç. Duffon, fieur de Bonrepaux, par la Trouffiere. *Amft.* 1697. *in* 12.

1937 Lettres & Réponfes au fujet de la Ligue d'Aufbourg. 1689. *in* 12.

1938 La Monarchie univerfelle de Louis XIV, par Leti. *Amft.* 1701. 2 *vol. in* 12.

1939 Mémoires de Mad. de la Fayette. *Amft.* 1731. *in* 12.

1940 Journal de la campagne de Piedmont en 1691. par Moreau de Brafey. *Par.* 1692. *in* 12.

1941 Journal de la campagne de Piedmont. ═ Relation de la bataille de Nervinde, par de Vizé. *Par.* 1693. *in* 12.

1942 L'Efprit de Luxembourg. *Rouen*, 1694. *in* 12.

1943 Card. Bullionii Litteræ ad Capitulum Leodienfe, &c. *Par.* 1694. *in* 4.

1944 Teftament polit. de Louvois. 1695. *in* 12.

1945 Mémoires de J. B. de la Fontaine, par Cour-
tilz. *Amft.* 1699. *in* 12.

1946 Journal des marches, &c. du Roi en Flan-
dres, par Vautier. *Par.* 1694. *in* 12.

1947 Mémoires de ce qui s'eft paffé fur mer, de-
puis 1688. jufq. 1697. par Burchett. *Amft.* 1704.
in 12.

1948 Relation de l'expédition de Carthagene en
1697. *Par.* 1698. *in* 12.

1949 Mémoires de Maffiac, depuis 1688. jufq.
1698. *Par.* 1698. *in* 12.

1950 Faftes de Louis XIV, par du Londel. *Paris,*
1694. *in* 8.

1951 Mémoires de la Fare. *Amft,* 1716. *in* 12.

1952 Les mêmes. *Par.* 1734. *in* 12.

1953 Mémoires polit. fur la Paix de Ryfwick, par
du Mont. *La Haye,* 1699. 4 *vol. in* 12.

1954 Annales de la Cour & de Paris, par Courtilz.
Col. 1701. 2 *vol. in* 12.

1955 La Guerre d'Italie, ou Mémoires du Comte
D * * *. *Col.* 1710. 2 *vol. in* 12. *m. c.*

1956 Hiftoire du Duc de la Feuillade. *Rouen,*
1713. *in* 12.

1957 Lettres d'un Suiffe (de la Chapelle.) *Paris,*
1704. 8 *tom.* 3 *vol. in* 12.

1958 Mémoires du Marquis de Guifcard. *Delft.*
1705. *in* 12.

1959 Lettres & Négociations du Mar. d'Eftrades,
&c. *La Haye,* 1710. 3 *vol. in* 12.

1960 Journal du fiége de Landau en 1702. *Metz,*
in 12.

1961 Hiftoire de la derniere révolte des Catalans.
Lyon, 1714. *in* 12.

1962 Mém. de la Colonie. *Blois,* 1735. 2 *vol.*
in 12.

1963 Nouv. Entretiens fur la Paix d'Utrecht, par de Chevigny. *Par.* 1730. *in* 12.

1964 Histoire de Mlle. de la Charce. *Par.* 1731. *in* 12.

1965 Lettres de Louis XIV au Comte de Briord. *La Haye*, 1728. *in* 12.

1966 Histoire de Louis XIV, par Buffy. *Par.* 1699. *in* 12.

1967 Azioni della Vita di Luiggi il grande, da Marana. *Mf.* 2 *vol. in* 8. *m. r.*

1968 Histoire de Louis XIV, par de Larrey. *Rouen*, 1724. 9 *vol. in* 12.

1969 Histoire du fiècle de Louis XIV, par Voltaire. 1752. 2 *vol. in* 8.

1970 La même. *Par.* 1752. 4 *vol. in* 12.

1971 Histoire de Louis XIV par les Médailles. *in fol.*

1972 Médailles de Louis XIV. *Par.* 1723. *in fol. m. r.*

1973 Histoire littéraire du regne de Louis XIV, par Lambert. *Par.* 1751. 3 *vol. in* 4.

1974 Histoire des Princes illuftres, par de Bezancon. *Par.* 1699. *in* 12.

1975 Femmes illuftres du fiècle de Louis XIV, par de Vertron. *Par.* 1698. 2 *vol. in* 12.

1976 Histoire des dernieres campagnes de M. de Vendôme, par de Bellerive. *Paris*, 1714. *in* 12.

1977 Lettres de Filtz Moritz. *Par.* 1718. *in* 12.

1978 Mémoires de la régence de M. le Duc d'Orléans. *Trévoux*, 1730. 3 *vol. in* 12.

1979 Pieces fur les Princes légitimes & légitimés. 2 *vol. in* 8.

1980 Mémoires de Forbin. *Par.* 1730. 2 *vol. in* 12.

1981 Mémoires de M. du Guaytrouin. *Par.* 174⊙. *in* 4.

1982

1982 Mémoires du Duc de Villars. *La Haye*, 1734. 3 *vol. in* 12.

1983 Mémoires de Berwik. *Paris*, 1737. 2 *v. in* 12.

1984 Histoire de la guerre de 1735, par Maſſuet. *Amſt.* 1735. *in* 12.

1985 Lettres & Négociations de Van Hoey. *Par.* 1744. *in* 12.

1986 Mémoires de Montgon. *Par.* 1750. 9 *vol. in* 12.

1987 Recueil de pieces choiſies ſur les conquêtes & la convaleſcence du Roi. *Par.* 1745. *in* 8.

1988 Médailles (54) de Louis XV, par Godon-neſche. *in fol.*

1989 Liaſſe de quatre pieces angloiſes ſur l'état de la France & de ſa politique. *in* 8.

1990 Plan de Paris, par les ordres de M. de Tur-got. *in fol.*

1991 Antiquités de la ville de Paris, par Henri Sauval. *Par.* 1724. 3 *vol. in fol. G. P.*

1992 Histoire de la ville de Paris, par Felibien. *Par.* 1725. 5 *vol. in fol.*

1993 Deſcription de Paris, par Brice. *Par.* 1701. 2 *vol. in* 12.

1994 La même. *Par.* 1725. 4 *vol. in* 12.

1995 Histoire abrégée de Paris, par Desfontaines. *Par.* 1735. 5 *vol. in* 12.

1996 Catalogue des Ev. Archev. Chanoines, Chantres, &c. de l'Egliſe de Paris, par Nic. Parfaiċt. *Mſ. in* 4. *m. r.*

1997 Recueil des figures, groupes, thermes, fon-taines, vaſes, &c. de Verſailles, gravés par Si-mon Thomaſſin. *in* 8.

1998 Verſailles immortaliſé, par J. B. de Moni-cart. *Par.* 1720. 2 *vol. in* 4.

1999 Mémoires ſur la deſtruction de Port-Royal. *Amſt.* 1711. *in* 12.

2000 Annales de l'Eglife de Noyon, par le Vaf-
feur. *Par.* 1633. *in* 4.

2001 Recherche de l'antiquité d'Abbeville, par
Sanfon. *Par.* 1636. *in* 8.

2002 Hiftoriæ Normannorum Scriptores, edente
And. du Chefne. *Par.* 1619. *in fol.*

2003 Conquêtes des Normands, par Gab. du Mou-
lin. *Rouen,* 1658. *in fol.*

2004 Hiftoire de la ville de Rouen. *Rouen,* 1668.
3 *vol. in* 12.

2005 Cronicques de Bretaigne. *Caen,* 1518.
in fol.

2006 Hiftoire de Bretagne, par d'Argentré. *Par.*
1588. *in fol.*

2007 Traité de l'ancien état de la petite Bretagne,
par Nic. Vignier. *Par.* 1619. *in* 4.

2008 Hiftoire de Bretagne, par Lobineau. *Paris,*
1707. 2 *vol. in fol.*

2009 Differtation fur la mouvance de la Bretagne,
par des Thuilleries. *Par.* 1711. *in* 12.

2010 Réponfe au Traité de la mouvance de la Bre-
tagne, par Lobineau. *Nantes,* 1712. *in* 8.

2011 Défenfe de la mouvance de la Bretagne, par
des Thuilleries. *Par.* 1713. *in* 12.

2012 Hiftoire de l'établiffement des Bretons dans
les Gaules, par Vertot. *Par.* 1720. 2 *vol. in* 12.

2013 Pieces Mff. fur la Bretagne. *in fol.*

2014 Hiftoire & Antiquités d'Orléans, par Fr. le
Maire. *Orléans,* 1645. *in* 4.

2015 Hiftoire de Nivernois, par Coquille. *Paris,*
1622. *in* 4.

2016 Hiftoire des Comtes de Poitou, par J. Befly.
Par. 1647. *in fol.*

2017 Hiftoire des Comtes de Foix, par Olhaga-
ray. *Par.* 1629. *in* 4.

2018 Hiftoire de Bearn, par P. de Marca. *Paris,*
1640. *in fol.*

2019. Hiſtoire critique de la Gaule Narbonnoiſe, par de Mandajors. *Par.* 1733. *in* 12.

2020 Remarques ſur l'Hiſtoire de Languedoc, par P. Louvet. *Touloufe*, 1657. *in* 4.

2021 Mémoires pour ſervir à l'Hiſtoire de Langue-doc, par M. de Baſville. *Par.* 1736. *in* 8.

2022. Hiſtoire des Comtes de Toloſe, par Catel. *Toloſe*, 1623. *in fol.*

2023 Traité du Comté de Caſtres, par David De-fos. *Toloſe*, 1633. *in* 4.

2024 Pieces ſur le Canal de Narbonne. *in* 4.

2025 Hiſtoire des Comtes de Provence, par de Ruffi. *Aix*, 1655. *in fol.*

2026 Hiſtoire de l'Egliſe d'Arles, par Gilles du Port. *Par.* 1690. *in* 12.

2027 Hiſtoire de Frejus, par Girardin. *Par.* 1729. 2 *vol. in* 12.

2028 Hiſtoire de Dauphiné, par M. de Valbon-nays. *Geneve*, 1721. 2 *vol. in fol.*

2029 Hiſtoire du pays de Forez, par de la Mure. *Par.* 1674. *in* 4.

2030 Hiſtoire généal. des Ducs de Bourgogne, par du Cheſne. *Par.* 1633. *in* 4.

2031 Hiſtoire des Ducs de Bourgogne, par Fa-bert. *Col.* 1697. 2 *tom.* 1 *vol. in* 12.

2032 Step. Ladonei Antiquitates Auguſtoduni. *Ibid.* 1640. *in* 8.

2033 Regiſtre des Dépêches & Mémoires concer-nant la terre de Pagny en Bourgogne, avec les plans. *in fol. Mſſ.*

2034 And. du Sauſſay de gloriâ S. Remigii. *Tulli*, 1661. *in fol.*

2035 Mémoires de l'état de la Lorraine. 1673. *in* 4. *Mſ.*

2036 Queſtions ſi les Provinces de l'anc. royaume de Lorraine doivent être appellées Terres de

l'Empire, par Chantereau le Fevre. *Par.* 1644.
in 8.

2037 Vie de Charles V , Duc de Lorraine. *Amst.*
1691. *in* 12.

2038 Testament polit. de Charles , Duc de Lor-
raine. 1696. *in* 12.

2039 Histoire du Duc de Mercœur. *Rouen* , 1692.
in 12.

2040 Mémoires de Beauvau. *Colog.* 1688. *in* 12.

2041 Histoire d'Alsace, par la Guille. *Strasbourg* ,
1727. *in fol.*

2042 Recueil A. B. *Par.* 1745. 1752. *in* 12.

2043 Antiquités de la Maison de France , par le
Gendre de S. Aubin. *Par.* 1739. *in* 4.

2044 Copies de pieces du Trésor des Chartes en
1299. *in fol. Mss.*

2045 Traité des Monnoyes de France, par le Blanc.
Par. 1690. *in* 4.

2046 Recueil de Généralités. *Mss.* 10 *vol. in* 4.

2047 Etat de la France. *Par.* 1702. 3 *vol. in* 12.

2048 Réglemens qui concernent ceux de la Maison
du Roi & des principaux Officiers servans en
icelle. *Mss. in fol.*

2049 Théâtre d'honneur préparé au Sacre des Rois,
par D. Guill. Marlot. *Reims* , 1643. *in* 4.

2050 Traités de la majorité des Rois, par Dupuy.
Mss. in fol.

2051 M. Zampinus de Statibus Franciæ & illorum
potestate. *Par.* 1578. *in* 8.

2052 Recueil des Etats tenus en France. *Par.* 1651.
2 *vol. in* 4.

2053 Mémoires sur les Etats provinciaux. 2e. Edi-
tion. *in* 12.

2054 Recherche des droits du Roi & de la Cou-
ronne de France, par Jacq. de Cassan. *Paris* ,
1634. *in* 4.

2055 Traités touchant les droits du Roi, par Du-
puy. *Par.* 1655. *in fol.*

2056 Traité de la connoiffance des droits & des
Domaines du Roi, par Berthelot du Ferrier. *Par.*
1719. *in* 4.

2057 Ant. Dominicy Affertor gallicus. *Par.* 1646.
in 4.

2058 Dialogue fur les droits de la Reine. 1667.
in 12.

2059 Mémoires & Inftructions pour fervir dans les
négociations & affaires concernant la France,
(par Seguier ou Godefroy.) *Par.* 1689. *in* 12.

2060 Hiftoire de la Milice françoife, par le P. Da-
niel. *Par.* 1721. 2 *vol. in* 4. *G. P.*

2061 Traité des premiers Officiers de la Couronne
de France, par And. Favyn. *Par.* 1613. *in* 8.

2062 Hiftoire de la Pairie de France & du Parle-
ment de Paris, par le Laboureur. *Lond.* 1740.
in 12.

2063 Hiftoire des Connétables, Chanceliers, &c.
par le Feron, donnée par Godefroy. *Par.* 1658.
in fol.

2064 Hiftoire de la Chancellerie, par Teffereau.
Par. 1710. 2 *vol. in fol.*

2065 Hiftoire des Miniftres d'Etat, par d'Auteuil.
Par. 1669. 2 *vol. in* 12.

2066 Mémoires de l'établiffement des Sécretaires
d'Etat, &c. *Mf. in fol.*

2067 Hiftoire des Sécretaires d'Etat, par Fauvelet
du Toc. *Par.* 1668. *in* 4.

2068 Lettres fur les Parlemens. *Par.* 1753. *in* 12.

2069 Eloges des premiers Préfidens du Parlement
de Paris, par Blanchard. *Par.* 1645. *in fol.*

2070 Mémoires au fujet du Doyenné du Confeil.
in fol. m. r.

2071 Extraits des Regiftres & Mémoriaux de la
Chambre des Comptes. *Mff.* 2 *vol. in* 4.

2072 Traité de la Police, par Lamare. *Par.* 1705.
& *suiv.* 4 *vol. in fol.*

HISTOIRE D'ALLEMAGNE, D'ESPAGNE, &c.

2073 Histoire de l'Empire, par Heiss. *Par.* 1731.
10 *vol. in* 12.

2074 Lettres de M. de Languet, trad. par J. Chr.
Lunig. *Col.* 1694. *in* 12.

2075 Lettres de Bongars, trad. *Par.* 1668. 2 *vol.*
in 12.

2076 Actions héroïques & plaisantes de Charles V.
Brux. 1690. *in* 12.

2077 Vie de Charles V, par Leti. *Par.* 1715. 4
vol. in 12.

2078 La même. *Par.* 1726. 4 *vol. in* 12.

2079 Histoire de l'état de la Religion & Républi-
que sous Charles V, par J. Sleidan, trad. *Stras-
bourg*, 1558. *in* 8.

2080 Politique de la Maison d'Autriche, par Va-
rillas. *La Haye*, 1688. *in* 12.

2081 Fred. Achillis, Ducis Witteb. Consultatio
de principatu inter Provincias Europæ, studio
Th. Lansii. *Amst.* 1687. *in* 8.

2082 Mémoires de Vordac. *Par.* 1730. 2 *vol. in* 12.

2083 Défense du droit de la Maison d'Autriche à
la succession d'Espagne. *Col.* 1703. *in* 12.

2084 Mémoires du Comte d'Harrach, par de la
Torre. *Rouen*, 1720. 2 *vol. in* 12.

2085 Vie du P. Eugene de Savoye. *Rouen*, 1703.
in 12.

2086 Histoire du même. *Trevoux*, 1741. 5 *vol.*
in 12.

2087 Nouv. Mémoires du Comte de Bonneval.
Rouen, 1742. 2 *vol. in* 12.

2088 Joan. Bertelii Hiſtoria Luxemburgenſis. *Colon.* 1638. *in* 4.

2089 Mémoires de Brandebourg. *Par.* 1751. *in* 12.

2090 Mémoires de Hambourg, &c. par Aubery. *Blois*, 1735. *in* 12.

2091 Délices de la Suiſſe. *Leide*, 1714. 4 *vol. in* 12.

2092 Délices des Pays-Bas. *Bruſ.* 1700. *in* 12.

2093 Antiquités de la Gaule Belgique, par de Waſſebourg. 1549. *in fol.*

2094 Mémoires d'Olivier de la Marche. *Brux.* 1616. *in* 4.

2095 Mémoires du Card. Bentivoglio, trad. par Vayrac. *Par.* 1713. 2 *vol. in* 12.

2096 Relations du Card. Bentivoglio, trad. par P. Gaffardy. *Par.* 1642. *in* 4.

2097 Récit du ſiége de Bois-le-Duc, par Jacq. Prempart. *Lewarde*, 1630. *in fol.*

2098 Délices de la Hollande. *Amſt.* 1699. *in* 12.

2099 Le Hollandois, par de la Barre de Beaumarchais. *Francfort*, 1738. *in* 8.

2100 Hiſtoire de Hollande depuis 1609. par Baillet. *Par.* 1693. 4 *vol. in* 12.

2101 Hiſtoire de l'établiſſement de la Répub. de Hollande, par le Noble. *Par.* 1689. *in* 12.

2102 Hiſtoire de la Répub. des Provinces Unies, juſqu'à la mort de Guillaume III. *La Haye*, 1704. 4 *vol. in* 12. *m. r.*

2103 Mémoires de Hollande, par Aubery du Maurier. *Par.* 1688. *in* 8.

2104 Mémoires de Jean de Wit, trad. par Mad. de Widerlich. 1709. *in* 12.

2105 Lettres de Temple. *La Haye*, 1702. 2 *vol. in* 12.

2106 Œuvres du même. *Amſt.* 1708. *in* 12.

2107 Mémoires du même. *Rouen*, 1693. *in* 12.

2108 Histoire de la guerre de Hollande, depuis 1672. jusq. 1677. *Amst.* 1689. *in* 12.

2109 Avis fidele aux Hollandois, avec figures. 1673. *in* 4.

2110 Mémoires du Comte de Guiche, concernant les Prov. Unies. *Par.* 1744. 2 *vol. in* 12.

2111 Mémoires de Montbas sur les affaires de Hollande. *Par.* 1673. *in* 12.

2112 Vie de Corn. Tromp. *La Haye*, 1694. *in* 12.

2113 Vie de Mich. de Ruyter. *Rouen*, 1678. *in* 12.

2114 Etat de la République des Provinces Unies, par Fr. Mich. Janiçon. *La Haye*, 1741. 2 *v. in* 12.

2115 Recueil de pieces pour servir à l'Histoire des Provinces Unies. *Lond.* 1743. *in* 12.

2116 Histoire des Comtes de Hollande. *Paris*, 1677. *in* 12.

2117 Délices d'Angleterre. *Leide*, 1707. 9 *vol. in* 12.

2118 Mémoires & Observations d'un voyageur en Angleterre. *La Haye*, 1698. *in* 12.

2119 Rob. Sheringami Disceptatio de Anglorum gentis origine. *Cant.* 1670. *in* 8.

2120 Histoire d'Angleterre, par du Chesne. *Par.* 1634. *in fol.*

2121 Histoire d'Angleterre, par de Rapin Thoyras : avec l'extrait des Actes de Rymer. *Amst.* 1727. 1728. 11 *vol. in* 4.

2122 Abrégé de l'Histoire d'Angleterre de Thoyras Rapin. *La Haye*, 1730. 10 *vol. in* 12.

2123 Remarques sur l'Histoire d'Angleterre, par Oldcastle. (en Angl.) *Lond.* 1743. *in* 8.

2124 Abrégé de l'Histoire d'Angleterre, par Vanel. *Par.* 1689. 4 *vol. in* 12.

2125 Histoire des Rois & Reines d'Angleterre. *Amst.* 1729. 3 *vol. in* 12.

2126 Chronique des Rois d'Angleterre selon le ftile des Juifs. *Lond.* 1743. *in* 8.

2127 La même. *Lond.* 1750. *in* 8.

2128 Hiftoire des révolutions d'Angleterre, par le P. d'Orléans. *Trevoux*, 1724. 4 *vol. in* 12.

2129 Hiftoire des deux Rofes. *Trevoux*, 1726. *in* 12.

2130 Hiftoire des dernieres révolutions d'Angleterre, par Burnet. *La Haye*, 1725. 2 *vol. in* 4.

2131 Mémoires de Walfingham. *Amft.* 1717. 4 *vol. in* 12.

2132 Vie d'Elizabeth, par Leti. *Lyon*, 1695. 2 *vol. in* 12.

2133 La même. *Rouen*, 1704. 2 *vol. in* 12.

2134 Caractere d'Elizabeth & de fes favoris, par Naunton, trad. par J. le Pelletier. *Rouen*, 1683. *in* 12.

2135 La mort de la Reine d'Ecoffe. 1588. *in* 8.

2136 Hiftoire des troubles d'Angleterre, par de Salmonet. *Par.* 1661. *in fol.*

2137 Abrégé de la Vie de Charles I. *Par.* 1664. *in* 12.

2138 Vie de Cromwel, par Leti. *Rouen*, 1708. 2 *vol. in* 12.

2139 La même. *Rouen*, 1730. 3 *vol. in* 12.

2140 Mémoires de Ludlow. *Amft.* 1699. 3 *vol. in* 12.

2141 Lettres d'Arlington. *Utrecht*, 1701. *in* 12.

2142 Mémoires de Burnet fous Charles II & Jacques II. *La Haye*, 1725. 3 *vol. in* 12.

2143 Abrégé de la Vie de Jacques II, par Bretonneau. *Par.* 1703. *in* 12.

2144 Etat d'Angleterre, par Chamberlayne. (Angl.) *Lond.* 1692. *in* 12.

2145 Mémoires de la Cour d'Angleterre, par Mad. Daulnoy. *La Haye*, 1695. *in* 12.

2146 Histoire de Guillaume III. *Rouen*, 1703.
  2 *vol. in* 12.

2147 Conduite des Cours d'Angleterre & d'Espa-
  gne. *Amst.* 1719. *in* 12.

2148 Conduite de Malborough. *Rouen*, 1714.
  in 12.

2149 Vie d'Anne Stuart. *Rouen*, 1716. *in* 12.

2150 Faute des deux côtés, trad. de l'Angl. *Rotterd.*
  1711. *in* 8.

2151 Rapport du Comité secret pour examiner le
  Traité du Commerce d'Angleterre, par Rob.
  Walpole. *Amst.* 1715. *in* 8.

2152 Mémoires de la Vie du Duc d'Ormond.
  Rouen, 1738. *in* 12.

2153 Histoire & procédures de la Chambre des
  Communes, avec toutes les pieces de ce qui
  s'est passé dans chaque Parlement depuis 1660.
  jusqu'en 1742. (en Angl.) *Lond.* 1742. 13 *tom.*
  21 *vol. in* 8.

2154 Guide de Londres (Angl. & Fr.) *Lond.* 1726.
  in 8

2155 Délices d'Espagne & de Portugal. *Leide*,
  1715. 6 *vol. in* 12.

2156 Voyages d'Espagne, par Mad. Daulnoy. *Par.*
  1691. 3 *vol. in* 12.

2157 Mém. de la Cour d'Espagne, par la même.
  Par. 1692. 2 *vol. in* 12.

2158 Abrégé de l'Histoire d'Espagne, par Vanel.
  Par. 1689. 3 *vol. in* 12.

2159 Histoire des révolutions d'Espagne, par Vay-
  rac. *Par.* 1724. 5 *vol. in* 12.

2160 Politique de Ferdinand le catholique, par
  Varillas. *Amst.* 1688. *in* 12.

2161 Histoire de la guerre civile de Grenade, trad.
  Par. 1683. 3 *vol. in* 12.

2162 Vie du Duc d'Ossone, par Leti, trad. *Amst.*
  1700. 3 *vol. in* 12.

2163 Vie de Philippe II, par Leti. *Amſt.* 1734. 6 *vol. in* 12.

2164 Relation des différends de D. Jean d'Autriche, & du Cardinal Nitard. *Par.* 1677. 2 *vol. in* 12.

2165 Actions & paroles mémorables de Philippe II. *Col.* 1671. *in* 12.

2166 Hiſtoire du miniſtere du Duc d'Olivarès. *Col.* 1673. *in* 12.

2167 La Balance de l'Europe. *Utrecht*, 1712. *in* 12.

2168 Teſtament politique du Card. Alberoni. *Lauſ.* 1753. *in* 12.

2169 Anecdotes de la Cour de D. Jean, Roi de Navarre. *Par.* 1744. *in* 12.

2170 Hiſtoire ſecrete du Connét. de Lune. *Paris*, 1730. *in* 12.

2171 Hiſtoire de D. Juan de Portugal. *Par.* 1724. *in* 12.

2172 Mémoires de M. d'Ablancourt. *Par.* 1701. *in* 12.

2173 Etat préſent de la Suede, par Robinſon. *Rouen*, 1720. *in* 12.

2174 Hiſtoire des révolutions de Suede, par Vertot. *Par.* 1696. 2 *vol. in* 12.

2175 Les mêmes. *Par.* 1722. 2 *vol. in* 12.

2176 Soldat Suedois, par de Spanheim. 1634. 2 *vol. in* 8.

2177 Anecdotes de Suede ſous Charles XI. *Amſt.* 1718. *in* 12.

2178 Hiſtoire de Suede ſous Charles XII, par Limiers. *Rouen*, 1721. 12 *vol. in* 12.

2179 Hiſtoire de Charles XII, par Voltaire. *Baſle*, 1732. *in* 8.

2180 Relation hiſt. de la Pologne, par de Hauteville. *Par.* 1697. *in* 12.

2181 Histoire des révolutions de Pologne, par Desfontaines. *Amst.* 1735. *in* 12.

2182 Histoire du ministere du Card. Martinusius, par A. Bechet. *Par.* 1715. *in* 12.

2183 Mémoires de Beaujeu. *Par.* 1698. *in* 12.

2184 Etat de l'Empire de Russie, par Margeret. *Par.* 1669. *in* 12.

2185 Etat de la Russie. *Par.* 1679. *in* 12.

2186 Mémoires de Pierre le Grand, & de Catherine, Impératrice, par Rousset. *La Haye*, 1725. 1728. 5 *vol. in* 12.

2187 Anecdotes du regne de Pierre I. *Par.* 1745. *in* 12.

2188 Histoire d'Emeric, Comte de Tekeli. *Col.* 1693. *in* 12.

2189 Vie du Prince Ragotzi. *Par.* 1707. 2 *vol. in* 12.

2190 Bibliotheque orientale, par d'Herbelot. *Par.* 1697. *in fol.*

2191 Recueil d'observations sur les mœurs, les coûtumes, &c. des Peuples, par Lambert. *Par.* 1749. 4 *vol. in* 12.

2192 Histoire de tous les Peuples du monde, par Lambert. *Par.* 1750. 15 *vol. in* 12.

2193 Recueil des habillemens du Levant. 1714. *in fol.*

2194 Vie de Mahomet. *Par.* 1699. *in* 12.

2195 Vie de Mahomed, par Boulainvilliers. *Amst.* 1731. *in* 12.

2196 Histoire des Turcs, par Chalcondile, trad. par Vigenere. *Par.* 1620. 2 *vol. in fol.*

2197 Jo. Leunclavii Annales Sultanorum. *Francof.* 1588. *in* 4.

2198 Histoire de l'Empire Ottoman, par Sagredo, trad. par Laurent. *Par.* 1732. 7 *vol. in* 12.

2199 Histoire Mahométane, par P. Vattier. *Par.* 1657. *in* 4.

2260 Anecdotes de la Maison Ottomane. *Tre-voux*, 1740. 2 *vol. in* 12.

2201 Relation des deux rébellions de Conftanti-nople en 1720 & 1721. *La Haye*, 1737. *in* 12.

2202 Antiquitates Ecclefiæ orientalis. *Lond.* 1682. *in* 12.

2203 Vie & mœurs des Bramines , par Abr. Ro-ger , trad. par la Grue. *Amft.* 1670. *in* 4.

2204 Barn. Briffonius de regio Perfarum principa-tu , curâ Jo. Henr. Lederlini. *Argent.* 1710. *in* 8.

2205 Hiftoire du Mogol , par Bernier. *Par.* 1670. 4 *vol. in* 12.

2206 Hiftoire de Thamas Kouli-kan. *Par.* 1743. *in* 12.

2207 Autre. *Par.* 1742. *in* 12.

2208 Lettres édifiantes des Miffionaires de la comp. de Jefus *Par.* 1736. *in* 12. (22e. Recueil.)

2209 Hiftoire de la conquête des Ifles Moluques , par Argenfola. *Rouen* , 1707. 3 *vol in* 12.

2210 Hiftoire de Tamerlan , par le P. Margat. *Par.* 1739. 2 *vol. in* 12.

2211 Athan. Kircheri China. *Amft.* 1667. *in fol.*

2212 Hiftoire de la Chine, par le P. Martini , trad. par le Peletier. *Par.* 1692. 2 *vol. in* 12.

2213 Nic. Trigautius de chrift. expeditione apud Sinas fufceptâ. *Lugd.* 1616. *in* 4.

2214 N. Mémoires de la Chine , par le P. le Com-te. *Par.* 1697. 3 *vol. in* 12.

2215 Lettre à un Miffionaire de la Chine. *Paris* , 1686. *in* 12.

2216 Anciens Mémoires fur les cérémonies de la Chine. *Par.* 1700. *in* 12.

2217 Hiftoire du Japon , par Kæmpfer. *La Haye* , 1732. 3 *vol. in* 12.

2218 Defcription de l'Afrique, par Dapper. *Amft.* 1686. *in fol.*

2219 Nouv. Relation de l'Afrique occidentale, par Labat. *Par.* 1728. 5 *vol. in* 12.

2220 Description de l'Egypte, par Mallet, donnée par Mascrier. *Amst.* 1740. 2 *vol. in* 12.

2221 Nic. Caussinus de symbolicâ Ægyptiorum sapientiâ. *Par.* 1618. *in* 4.

2222 Etat présent de l'Empire de Maroc, par Pidou de S. Olon. *Par.* 1694. *in* 12.

2223 Histoire de l'Ethiopie orientale, trad. par Charpy. *Par.* 1688. *in* 12.

2224 Relation de l'Ethiopie occidentale, par Labat. *Par.* 1732. 5 *vol. in* 12.

2225 Relation de la Nigritie, par J. B. Gaby. *Par.* 1689. *in* 12.

2226 Histoire de l'Isle de Madagascar, par de Flacourt. *Par.* 1661. *in* 4.

2227 Découverte des Indes occidentales, par las Casas, trad. *Par.* 1697. *in* 12.

2228 Vie de Christ. Colomb, par Fernand Colomb. *Par.* 1681. 2 *vol. in* 12.

2229 Histoire de la conquête du Mexique, par Solis, trad. *Par.* 1730. 2 *vol. in* 12.

2230 Histoire de la conquête du Perou, par Zarate, trad. *Amst.* 1700. 2 *vol. in* 12.

2231 La même. *Par.* 1716. 2 *vol. in* 12.

2232 Histoire des Yncas, par Garcillasso de la Vega, trad. par Baudoin. *Amst.* 1704. 2 *vol. in* 12.

2233 Histoire des Isles de S. Christophle, de la Guadeloupe, &c. par J. B. du Tertre. *Paris*, 1654. *in* 4.

2234 Histoire de S. Domingue, par de Charlevoix. *Par.* 1730. 2 *vol. in* 4.

2235 Histoire de l'Amérique septentrionale, par de la Potherie. *Rouen*, 1722. 4 *vol. in* 12.

2236 Mœurs des Sauvages Amériquains, par Lafitau. *Par.* 1724. 2 *vol. in* 4.

HISTOIRE HERALDIQUE, ANTIQUITE'S, &c.

2237 La science & l'art des Devises, par Menef-trier. *Par.* 1686. *in* 8. *m. r.*

2238 Traité des Tournois, par Meneftrier. *Lyon*, 1669. *in* 4.

2239 Traité des Nobles, par Franç. de l'Alouette. *Par.* 1577. *in* 4.

2240 De l'origine & inftitution des Ordres de Chevalerie, par de Beloy. *Montauban*, 1604. *in* 12.

2241 Traités de la Nobleffe de race civile, & des immunités des Ignobles, par Flor. de Thierriat. *Par.* 1606. *in* 8.

2242 Traité de la Nobleffe, par la Roque. *Paris*, 1678. *in* 4.

2243 Origine des Chevaliers, Armoiries & Heraux, par Cl. Fauchet. *Par.* 1600. *in* 8.

2244 Théâtre d'honneur & de chevalerie, par Favyn. *Par.* 1620. 2 *vol. in* 4.

2245 Differtations fur la Chevalerie, par le P. Honoré de Sainte Marie. *Par.* 1718. *in* 4.

2246 Effais fur la Nobleffe de France, par de Boullainvilliers, avec des notes. *Par.* 1732. *in* 8.

2247 Dictionnaire heraldique, par Chevillard. *Par.* 1722. *in* 12.

2248 Généalogie des Princes de l'Europe, par Hubners. 1712. *in* 12.

2249 Alliances généal. des Rois & Princes de Gaule, par Cl. Paradin. *Genev.* 1606. *in fol.*

2250 La France métallique, par Jacq. de Bie. *Par.* 1636. *in fol.*

2251 Traité hift. des armes de France & de Navarre, par de Sainte Marthe. *Par.* 1673. *in* 12.

2252 Hiftoire de l'origine de la 3e. race des Rois

de France, par le Duc d'Epernon. *Paris*, 1680. *in* 12.

2253 Carte généal. de la Maison de Bourbon, par Ch. Bernard. *Par.* 1634. *in fol.*

2254 Histoire généal. de la Maison de France, par Scev. & Loüis de Sainte Marthe. *Par.* 1628. 2 *vol. in fol.*

2255 Histoire généal. & chronol. de la Maison de France, des grands Officiers de la Couronne, &c. par le P. Anselme, augm. par du Fourni. *Par.* 1712. 4 *vol. in fol.*

2256 Tombeaux des personnes illustres, par J. le Laboureur. *Par.* 1642. *in fol.*

2257 Almanach généal. pour 1749. par l'Abbé Destré. *Par. in* 24.

2258 Histoire généal. de la Maison de la Tremoille, par Sainte Marthe. *Par.* 1667. *in* 12.

2259 Histoire généal. de la Maison de Beauvau. *in fol.*

2260 Histoire généal. de la Maison des Briconets, par Guy Bretonneau. *Par.* 1621. *in* 4.

2261 Généalogie de la Maison de Bragelongne. *Par.* 1689. *in* 8.

2262 Histoire généal. des Maisons illustres de Bretagne, par Aug. du Paz. *Par.* 1619. *in fol.*

2263 Recueil de la Noblesse de Bourgogne, Limbourg, &c. par J. le Roux. *Lille*, 1715. *in* 4.

2264 Noms, Armes & Blasons des Chevaliers du S. Esprit, créés en 1662. *in fol.*

2265 De l'utilité des Voyages, par Baudelot de Dairval. *Par.* 1686. 2 *vol. in* 12.

2266 Antiquité expliquée, par D. Bern. de Montfaucon. *Par.* 1719. 1722. 15 *vol. in fol.*

2267 Recueil d'Antiquités égyptiennes, étrusques, grecques & romaines, par M. de Caylus. *Par.* 1752. *in* 4.

2268

2268 Antiquités des Romains expliquées. *La Haye,* 1726. *in fol.*

2269 Images des Dieux , par Vincent Cattari, trad. par Ant. du Verdier. *Lyon ,* 1610. *in 8.*

2270 Jo. Seldenus de Diis Syris. *Lugd. Bat.* 1629. *in 12.*

2271 Histoire des Médailles , par Ch. Patin. *Amst.* 1695. *in 12.*

2272 Numismata Impp. Augustarum & Cæsarum, studio Jo. Vaillant. *Amst.* 1700. *in fol.*

2273 Recueil de pierres gravées antiques. *Paris, Mariette ,* 1732. 2 *vol. in* 4.

2274 Recueil des pierres gravées du Cabinet du Roi, par P. Jean Mariette. *Par.* 1750. 2 *vol. in fol.*

2275 Rap. Fabretti Inscriptiones antiquæ. *Roma,* 1699. *in fol.*

2276 Joh. Kirchmannus de annulis. *Lugd. Bat.* 1672. *in* 12.

2277 Usage des Postes , par le Quien de la Neufville. *Par.* 1730. *in* 12.

2278 Histoire des grands chemins de l'Empire romain , par Bergier. *Par.* 1628. *in* 4.

2279 Histoire de l'origine de l'Imprimerie , par Marchand. *La Haye ,* 1740. *in* 4.

2280 Histoire de l'Académie françoise , par Pellisson. *Par.* 1701. *in* 12.

2281 La même , nouv. Edit. augmentée par l'Abbé d'Olivet. *Amst.* 1730. 2 *tom.* 1 *vol. in* 12.

2282 Histoire & Mémoires de l'Académie des Inscriptions & Belles-Lettres. *Par.* 1717. *& suiv.* 21 *vol. in* 4.

2283 Histoire de l'Académie royale des Sciences , avec les éloges , par Fontenelle. *Par.* 1724. 1733. 2 *vol. in* 12.

2284 Mémoires de l'Académie des Sciences , depuis 1666. jufq. 1749. avec les Machines & les Tables. *Par.* 1699. *& fuiv.* 78 *vol. in* 4.

2285 Pieces du prix de l'Académie de 1738. *Par.* 1739. *in* 4.

2286 Hiftoire de la Société royale de Londres, par Th. Sprat. *Gen.* 1669. *in* 8.

2287 Abrégé des Tranfactions philofophiques, par Jean Lowthorp, & autres jufq. 1733. (en Anglois.) *Lond.* 1716. *& fuiv.* 7 *tom.* 8 *vol. in* 4.

2288 Bibliotheque des Auteurs de la Congr. de S. Maur, par D. le Cerf. *La Haye,* 1726. *in* 12.

2289 Jo. Alb. Fabricii Bibliotheca græca. *Hamb.* 1718. *& feq.* 14 *vol. in* 4.

2290 Jo. Alb. Fabricii Bibliotheca latina. *Hamb.* 1712. 2 *vol. in* 8.

2291 Ejufdem Bibliotheca latina mediæ ætatis, (ad Litt. L. incluf.) *Hamb.* 1734. *& feq.* 5 *vol. in* 8.

2292 Bibliotheque de la Croix du Maine. *Paris,* 1584. *in fol.*

2293 Jugemens des Sçavans, par Baillet, avec l'Anti-Baillet, par Ménage. *Paris,* 1685. 16 *vol. in* 12.

2294 Journal des Sçavans, depuis 1665. jufq. 1739. *Par.* 1665. *& fuiv.* 63 *vol. in* 4. (manq. 1723.)

2295 Journal des Sçavans, depuis Octobre 1736. jufqu'en Décembre 1743. *Par.* 39 *vol. in* 12.

2296 Nouvelles de la Rép. des Lettres, depuis Septemb. 1684. jufqu'en 1689. par Bayle; depuis 1699. jufqu'en 1710. par Bernard. *Amfterd.* 1684. *& fuiv.* 39 *vol. in* 12.

2297 Bibliotheque univerfelle, par Jean le Clerc, depuis 1688. jufq. 1693. *Amfterd.* 1700. 26 *vol. in* 12.

2298 Bibliotheque choifie, par le même, depuis 1703. jufq. 1713. *Amft.* 1703. *& fuiv.* 28 *vol. in* 12.

2299 Bibliotheque ancienne & moderne, par le même, depuis 1714. jufq. 1726. *Amft.* 1714. *& fuiv.* 16 *vol. in* 12.

2300 Hiftoire des Ouvrages des Sçavans, par Bafnage de Beauval, depuis Septemb. 1687. jufq. Juin 1709. *Amft.* 1721. 24 *vol. in* 12. (manq. tom. 2. 3. 17.

2301 Journal de Hambourg, par d'Artis. *Hamb.* 1694. 2 *vol. in* 8.

2302 Hiftoire critique de la République des Lettres, par Maffon. *Utrecht*, 1712. 15 *vol. in* 12.

2303 Journal littéraire, depuis 1713. jufqu'en 1736. *La Haye*, 1716. *& fuiv.* 23 *vol. in* 12.

2304 Nouvelles littéraires, par du Sauzet. *La Haye*, 1715. *& fuiv.* 11 *vol. in* 12.

2305 Bibliotheque angloife, par de la Roche, depuis 1716. jufq. 1728. *Amft.* 1716. 15 *vol. in* 12.

2306 L'Europe fçavante, depuis Janv. 1718. jufq. Juin 1719. *La Haye*, 1718. *& fuiv.* 8 *vol. in* 12. (manq. le tom. 6.)

2307 Mémoires de la grande Bretagne, par de la Roche. *La Haye*, 1720. 8 *vol. in* 12.

2308 Bibliotheque germanique, depuis Juillet 1720. jufq. 1741. *Amft.* 1720. *& fuiv.* 50 *tom.* 25 *vol. in* 12.

2309 Nouv. Bibliotheque germanique, depuis 1742. jufq. Juin 1750. *Amft.* 1746. *& fuiv.* 12 *tom.* 6 *vol. in* 12.

2310 Mémoires hiftoriques & critiques. *Amfterd.* 1722. 2 *vol. in* 12.

2311 Bibliotheque françoife, par Camufat & autres, depuis 1722. jufq. 1737. *Amft.* 1723. *& fuiv.* 25 *vol. in* 12.

2312 Bibliotheque italique, depuis 1728. jufq. 1734. *Geneve*, 1728. *& fuiv.* 18 *vol. in* 12.

2313 Bibliothèque raisonnée des Ouvrages des Sçavans, depuis Juillet 1728. jusq. Décembre 1759. *Amst.* 1728. *& suiv.* 23 *vol. in* 12.

2314 Bibliothèque britannique, depuis Avril 1733. jusq. Septembre 1743. *La Haye,* 1733. *& suiv.* 21 *vol. in* 12.

2315 Le Pour & Contre, par M. Prevost. *Paris,* 1733. *& suiv.* 16 *vol. in* 12.

2316 Nouvelliste du Parnasse : Observations sur les Ecrits modernes, par Desfontaines. *Paris,* 1731. *& suiv.* 28 *vol. in* 12. (manq. aux observ. les tom. 22. 23. & 24.

2317 Lettres sur quelques Ecrits de ce tems, par Freron. *Par.* 1752. 6 *vol. in* 12.

2318 Bibliotheca Colbertina. *Paris,* 1728. 3 *vol. in* 12.

2319 Catalogue des Livres de M. le Blanc. *Paris,* 1729. *in* 8.

2320 Catalogue de Crozat. *in* 8.

2321 Catalogue de M. Secousse. *Par.* 1755. *in* 8.

2322 Œuvres de Plutarque, trad. par Amyot. *Par.* 1583. 2 *vol. in fol.*

2323 Les mêmes. *Geneve,* 1583. 2 *vol. in fol.*

2324 Corn. Nepotis Vitæ excellentium Impp. cum notis variorum, accur. Rob. Keuchenio. *Lugd. Bat.* 1667. *in* 8.

2325 Eædem. *Amst.* 1704. *in* 16.

2326 Les Imposteurs insignes, par J. B. de Rocoles. *Brux.* 1728. 2 *vol. in* 8.

2327 Vies de Capitaines françois, par de Forquevauls. *Par.* 1643. *in* 4.

2328 Hommes illustres, par Perrault. *Amsterd.* 1698. *in* 12.

2329 Mémoires des hommes illustres, par le P. Niceron. *Par.* 1729. *& suiv.* 30 *vol. in* 12.

2330 Germ. Sardi Vitæ S. Philippi Benizi. *Rome,* 1681. *in* 4. *m. r.*

2331 Hiſtoire du Syndicat de Richer. *Par.* 1753. *in* 12.

2332 Queſtion ſi M. Arnauld eſt hérétique. 1690. *in* 12.

2333 Vie de Mademoiſelle de Lenclos, par Bret. *Par.* 1751. *in* 12.

2334 Vie de M. de Fenelon, par Ramſay. *Amſt.* 1727. *in* 12.

2335 Hiſtoire de la Comteſſe des Barres. (l'Abbé de Choiſy.) 1736. *in* 12.

2336 Eloge du Card. de Polignac. 1742. *in* 12.

2337 Les Femmes ſçavantes. *Amſt.* 1718. *in* 12.

2338 Dictionnaire de Juigné. *Par.* 1656. *in* 4.

2339 Dictionnaire hiſtorique, par L. Moreri. *Par.* 1718. 5 *vol. in fol.*

2340 Dictionnaire hiſt. & crit. par P. Bayle. *Amſt.* 1730. 4 *vol. in fol.*

F I N.

La Vente des Livres de Monſieur DAVY DE LA FAUTRIERE *commencera Lundi* 10 *Mai* 1756, *en ſa Maiſon, cul-de-ſac S. Dominique, Faubourg S. Jacques.*

Le Catalogue ſe trouve chez BARROIS, Libraire, Quai des Auguſtins.

De l'Imprimerie de DIDOT, Quai des Auguſtins, à la Bible d'or.

www.ingramcontent.com/pod-product-compliance
Ingram Content Group UK Ltd.
Pitfield, Milton Keynes, MK11 3LW, UK
UKHW021231140726
13695UKWH00002B/891

9 782014 109047